中国古代生活丛书

中国古代的游侠

王齐 著

商务印书馆
The Commercial Press
创于1897

2020年·北京

图书在版编目（CIP）数据

中国古代的游侠 / 王齐著. — 北京：商务印书馆，
2020
（中国古代生活丛书）
ISBN 978-7-100-18417-5

Ⅰ. ①中… Ⅱ. ①王… Ⅲ. ①侠客－历史－研究－中
国 Ⅳ. ①K203

中国版本图书馆CIP数据核字（2020）第072438号

中国古代生活丛书
中国古代的游侠
王齐 著

商 务 印 书 馆 出 版
（北京王府井大街36号　邮政编码100710）
商 务 印 书 馆 发 行
三河市尚艺印装有限公司印刷
ISBN 978-7-100-18417-5

2020年6月第1版　　开本 880×1230　1/32
2020年6月第1次印刷　　印张 7　插页 4
定价：36.00元

《游骑图卷》，唐（《中国美术全集·绘画编》）

《砺剑图轴》，明黄济绘（《中国美术全集·绘画编》）

《红拂图轴》，明尤求绘（《中国
美术全集·绘画编》）

《太白醉酒图轴》，清苏六朋绘
（《中国美术全集·绘画编》）

《三女侠》，晚清（《中国美术全集·绘画编》）

《拿花蝴蝶》，晚清（《中国美术全集·绘画编》）

《侠女开弓》，晚清（《中国美术全集·工艺美术编》）

目　录

一、游侠的定义及其精神特征

（一）游侠的定义

"侠"这一概念，最早见于战国时的大法家韩非的著作《韩非子·五蠹（dù）》。在该书中，他将游侠和儒者都列入对国家有害无益的五种"害虫"之列，认为"儒以文乱法，侠以武犯禁"，要求国君将他们尽皆除去。这里，韩非强调了侠的一个特征，即他们具有武功或勇力，对于国家律令具有破坏性。韩非的评价是站在封建统治者的立场，从治政的角度出发的。他的这一评价在当时并没有引起人们对游侠的太多注意。在随后的一段时间，游侠的活动只是散见于各种史书中，史家写到他们时也并非有意识地突出他们作为侠的特点。

西汉时期，史官司马迁的朋友李陵在对匈奴作战中，因为寡不敌众，兵败投降了匈奴。汉武帝对此十分恼怒。担任太史令一职而时刻追随在汉武帝身边的司马迁一方面出于宽慰国君的单纯想法，一方面出于义气，上前替李陵辩白，说李陵可能是不得已假作投降，以便寻找机会逃脱，再回来报效朝廷。但显然他这种解释不仅没能说服盛怒中的汉武帝，反而坐实了替李陵开脱之罪。武帝大怒，将司马迁打入死狱。司马迁落难后，竟没人敢于替他仗义执言，也没有人肯于慷慨解囊，替他出钱折罪。为了完成《史记》这部已经开始写作的巨著，留名青史而不是轻如鸿毛地离世，司马迁只能选择受了宫刑[①]，忍辱苟活。有过这样一段经历，在钩沉史料时，怀有身世之慨的司马迁便对历史上肯于扶危解困的游侠产生了更多的感喟，为此，他爬梳剔抉，整理出历史上游侠的事迹，前所未有地将这一类人概括出共同的特质，从各个阶层中撷取出来，单独立传。司马迁在《史记·游侠列传》中突出了游侠仗义助人、急人所难的"侠义"性。他说：

> 今游侠，其行虽不轨于正义，然其言必信，其行必果，已诺必诚，不爱其躯，赴士之厄困，既已存亡死生矣，而不矜其能，羞伐其德，盖亦有足多者焉。

这段文字还概括出游侠的另外几种特质，即游侠的行为常常不合常规社会的道德和法律；游侠讲信义、重名誉、不惜舍己救人；游侠仗义助人不图回报。

东汉的荀悦在所作《汉纪》中对游侠的定义做了补充，说："立气齐、作威福、结私交，以立强于世者，谓之游侠。"（《汉纪·孝武纪》）这里除了说游侠任侠尚气之外，特别强调了游侠树立个人权威、结党营私的特点。《汉书》的作者班固对游侠的看法与此相似。他认为，游侠虽然"温良泛爱，振穷周急，谦退不伐"，但他们"背公死党之议成，守职奉上之义废"，且游侠"以匹夫之细，窃生杀之权"，特别强调了游侠在

---

① 宫刑：古代阉割生殖器的酷刑。当时死刑可以用钱或受宫刑来折罪。

公权之外另立权威的危害性，认为游侠的存在破坏了既有的法律体系和权力体系，故而罪不容诛。(《汉书·游侠传》)这种意识显然更符合统治阶层的观念。实际上，《汉书》之后的史书中已无游侠的位置。

以后历代文字中所记游侠的形象略有不同。三国时期，曹植在他著名的《白马篇》中将游侠定义成武艺高强、志向远大、有报国之心的少年郎：

> 白马饰金羁，连翩西北驰。
>
> 借问谁家子？幽并游侠儿。
>
> 少小去乡邑，扬声沙漠垂。
>
> 宿昔秉良弓，楛（hù）矢何参差。
>
> 控弦破左的，右发摧月（ròu）支。
>
> 仰手接飞猱（náo），俯身散马蹄。
>
> 狡捷过猴猿，勇剽若豹螭（chī）。
>
> 边城多警急，虏骑数迁移。
>
> 羽檄从北来，厉马登高堤。
>
> 长驱蹈匈奴，左顾凌鲜卑。
>
> 弃身锋刃端，性命安可怀？
>
> 父母且不顾，何言子与妻！
>
> 名编壮士籍，不得中顾私。
>
> 捐躯赴国难，视死忽如归。

这样的游侠俨然融入了主流社会，甘愿以勇武之身报效国家、君王，以抵抗外族侵略的为国捐躯、视死如归取代了

《鞍马游骑图》局部（北朝墓葬壁画）

以往的为一己恩怨而好勇斗狠。

　　到了唐代，诗人们笔下的游侠又多是锦衣玉裘、声色犬马、好勇斗狠、豪迈慷慨、重交轻命的浮浪少年。如卢照邻《结客少年场行》这样勾勒当时的游侠形象：

　　　　长安重游侠，洛阳富财雄。

　　　　玉剑浮云骑，金鞭明月弓。

　　　　斗鸡过渭北，走马向关东。

　　　　孙宾遥见待，郭解暗相通。

　　　　不受千金爵，谁论万里功？

　　　　将军下天上，虏骑入云中。

> 烽火夜似月，兵气晓成虹。
>
> 横行徇知己，负羽远从戎。
>
> 龙旌昏朔雾，鸟阵卷胡风。
>
> 追奔瀚海咽，战罢阴山空。
>
> 归来谢天子，何如马上翁？

这些游侠少年心系边陲，羡慕军功，有着报国建功的志向。同时，他们也有着放浪不羁、沉迷声色犬马的另一面。李廓的《长安少年行》，就描述了京都浮浪少年另外一面的生活状态：

> 金紫少年郎，绕街鞍马光。
>
> 身从左中尉，官属右春坊。
>
> 划戴扬州帽，重薰异国香。
>
> 垂鞭踏青草，来去杏园芳。
>
> …………

宋代以后，游侠多已混迹于民间，仅在挺身而出之时方才显露踪迹。但游侠在野史笔记、小说传奇中的形象日趋统一起来。他们大多有一些共同的特征，即急人所难、扶弱抑强、武功高超、见义勇为、好打抱不平和珍重友情。由于日益成为传奇作品中的人物，游侠逐渐成为人们寄予理想的文学形象。

如果把历史上各个时期有关游侠的看法加以概括，似乎可以对游侠下这样一个定义：游侠指不循法纪、热衷交游、轻生重义、抑强扶弱、排难解纷的人。这里所谓不循法纪，即游侠行事以"义"字为先，常常违反法纪律令；所谓热衷交游，即好结私交，并以私交形成势力；所谓轻生重义，指这些人大都不怕死，讲信义，讲义气，这里的"义"在游侠看来，往往也有正义的意思；所谓抑强扶弱、排难解纷，就是打击强梁，扶助弱者，以私人势力为朋友提供帮助。游侠的"游"也与上述特点有关，他们喜交游，不务恒产，往往存身于社会常态机制之外，特别是杀了人、犯了法，更免不了四处躲避，成为游民和流民。

上述定义，只概括了一般游侠的共性，未包括一切游侠的特点，也不是每个游侠个体都具有所有这些特点。游侠所谓"义"，并不是大公无私，游侠有好有坏。但作为一个群体或一类人，自司马迁《史记》开始，他们就有了"除暴安良"、"急人所难"的好形象，因而人们对他们总的态度是肯定的。

还应指出，汉代以后，以游侠谋生的职业游侠就很少了。本书所介绍的汉代以后的游侠，主要是指那些具有游侠气质和精神特征的人物。

（二）游侠的精神特征

游侠虽然常常蔑视社会法规，冒犯社会的道德准则，但他们却信守着自己的一系列道德观念和行为规范，有着自己较为鲜明的精神特征。这些特征主要有以下几点。

1. 追求"公正"，讲究义气

司马迁在《史记·游侠列传》中说游侠"设取予然诺，千里诵义，为死不顾世，此亦有所长，非苟而已也"。也就是说，游侠信守他们自己的道德规范，只要是符合"义"的原则的事，他们将不惜一切代价，甚至不惜牺牲性命，也要去做。所谓"义"，在游侠看来，首先就是正义、公正。为了正义和公正，游侠可以无视现行律令，使用暴力手段，这又时常使他们陷入以暴易暴，甚至崇尚暴力的怪圈。游侠之"义"，还有忠于朋友和知己的含义，即对朋友讲义气；为了忠于朋友，他们有时也会丧失原则，去做一些违背自己和大多数人意愿的事情，因此，有时他们的行为难以得到人们的理解和同情。尤其对于统治者来说，游侠以私势力和个人勇力解决问题，"废敬上畏法之民，而养游侠私剑之属"（《韩非子·五蠹》），"以匹夫之细，窃杀生之权"（《汉书·游侠传》）。在正统权力之外另外树立权威，必然为当政者所不容。

2. 恩怨分明，报复心强

游侠报复心强，报德也报怨。对于有恩于己的人，他们不惜性命去回报，讲究所谓"士为知己者死，女为悦己者容"（《史记·刺客列传》）。他们对尊重自己人格、善待自己的人尤为感恩戴德。由于爱重名誉，对自身尊严极其敏感，他们往往依对方是否能给自己较高的待遇和评价来判断对方是否值得自己回报，以及回报的程度，这使他们反而将是非曲直、善恶美丑的分辨放在其次，甚至丧失原则，为虎作伥，这也是游侠常受人批评的一点。相比之下，游侠对报怨仇尤其热衷。不仅是报国难家仇，对于有辱自己名誉和尊严的人和事，更是睚眦（yázì）必报；不仅自己的仇怨要报，还常常不惜性命替朋友报复仇人，并把这作为对朋友报恩的一种方式。

3. 勇于助人，乐善好施

游侠乐于助人，不论是知交朋友，还是陌路之人，只要遇到危难，游侠多会挺身而出，仗义相助。游侠在救助别人后，还不求回报，这与他们对别人感恩图报的态度形成鲜明对照。故而司马迁称赞游侠的典范汉代游侠朱家时，说他："然终不伐其能，歆（xīn）其德，诸所尝施，唯恐见之。振人不赡（shàn），先从贫贱始。家无余财，衣不完采，食不重味，乘不过軥（qú）牛。专趋人之急，甚己之私。"（《史记·游侠列传》）即是说游侠虽然对别人加于自己的恩惠牢记在心，报答心切，但从不因对别人有恩而沾沾自喜；他们谦卑待人，不图回报；他们不仅解救贫困之人，更肯救助危难之人。

4. 看重名誉，轻视生死

游侠的行为特征与他们看重名誉的精神特征有着密切关系。他们之所以重视名誉，是因为他们认为以任侠来树立名誉是实现其人生价值的最好手段，可以使他们即便身世卑微，也能名扬天下，永垂青史。因此，游侠都致力于"立节操，以显其名"（韩非语）。为了树立名誉，他们言出必行，一诺千金，"其言必信，其行必果，已诺必诚"（《史记·游侠列传》）。春秋末期有侠者风范的吴公子季札曾奉命出使北方各国，途中与徐国国君结为知交。言谈间，徐国君流露出喜欢季札的佩剑的意思，季札心领神会，却碍于出使任务未完成，故而当时没将剑送给徐君，心中已决意待返回时再行赠剑。但当季札完成使命，返回徐国，准备履行承诺时，徐君却已经离世。季札吊唁了徐国国君后，将宝剑挂在徐君冢墓前的树上，而后悲伤地离开。从者不解地问："徐君已死，为什么还把剑送给他？"季札则说："我已在心里允诺了他，怎能因为他死了就有所改变呢？"（《史记·吴太伯世家》）不欺心是季札恪守的道义准则。这件事使季札名扬各国。

彩绘《季札挂剑图》漆盘复原图（三国吴朱然墓出土）

"季札挂剑"的故事流传甚广，京剧中专有一折小戏以此为名，就是由于人们爱重季札讲信义、重然诺的高贵品德。

为了树立名誉，游侠不惜任何代价，直至付出生命，这使他们在世人的眼中留有"轻生重气"的印象；由于重名誉，他们极力捍卫自己的人格尊严，对个人的荣辱十分敏感，这又使得他们有时不免行事偏激，甚至因为轻微的冒犯就妄开杀戒。

以上这几种精神特征，是游侠这个群体所体现出来的几种突出的共性。因此，我们应当说游侠这一群体一般在整个封建社会中是一股有益于人民群众的力量，他们破坏的是不够公正和完善的现行社会法律秩序，主要打击的是社会上有权有势、欺压良善的恶势力，救助的多是社会中的贫弱之人。也正因为如此，游侠直到今天仍然拥有广大的同情者和推崇者。当然，并不是所有游侠都是人类中的优秀分子，游侠群中也有良莠之别。此外，由于游侠面对世事从来都采取主动手段，行事不免偏激，人类性格的多重性在他们身上体现得尤为突出。他们蔑视强权，经常破坏现行律令，虽然保护了某些弱者，但也加剧了社会的混乱，有时甚至会伤害到遵纪守法的无辜百姓；他们酷爱名誉，有时为了树立威望、维护自尊，会采取妄开杀戒的手段。游侠还会盲目地帮助自己的朋友或知己，不问是非曲直地替友人报复仇人，其报复手段有时也过于残暴。有的游侠还有野心和权力欲，靠"行侠"来结党营私、树立权势。某些游侠身上兼有霸气和匪气，会荼毒至弱者，伤害到无辜。

游侠与恶霸、豪强、土匪、强盗是有本质区别的，但在封建社会里，有些被统治者称作"豪强"、"匪盗"的人，就是我们所谓的"游侠"。这主要是由于随着封建专制制度的逐步完善、法制的日益严密，许多游侠在触犯法律后不得不隐迹江湖，藏身于江湖盗匪之中。但游侠的信念终归与盗匪有着本质差别，游侠的杀富济贫、除暴安良与盗匪劫掠百姓、奸淫妇女有着天壤之别；而恶霸、豪强仗势欺人、无恶不作，也不能与游侠相提并论。

游侠信守的一些道德原则直到今天仍旧深入人心。同时，"缓急人之所时有也"，作为个体的人，生活在人世间也不可避免地会遭遇到危难和不幸，深陷困境和麻烦，每当此时，我们都会期盼有肯于援手的人挺身而出。这就更使得游侠的形象一直寄寓着人们对公平和正义的追求，并被罩上理想的光环而传诵着。本书则力求挥去这层理想的光环，展现中国古代游侠真实的生活事迹与经历，还历史上的游侠以本来的面目。

二、游侠的产生及初兴

（一）特殊历史条件下的产物

春秋时期，礼崩乐坏，诸王争霸，社会处于分崩离析、动荡不定的状态中。许多人在历史车轮转轨时刻被从原来的秩序中解体出来，一些没落贵族以及专为这些贵族服务的文臣武将就此散入民间，而平民中一部分具有学识或勇力的人与之相交往并混迹其中，由此便形成了一类有专职、有特长的特殊社会群体——士阶层。士阶层的出现，为游侠的产生准备了充分的社会基础。士人靠着某种技能，或是文辞，或是辩才，或是武勇，或是技艺，周游列国，寻找用武之地，探寻谋生之所。其中有勇力武功的，便凭借武勇在游荡中做一些扶危济困、仗义任侠之事，以铲除身边不平，同时替自己扬名，这些人便是初期的游侠。

孔子的弟子子路（名仲由）便具有早期游侠的特征。孔子曾经周游列国以寻求谋仕之门径，途中常常受到欺侮，其间，孔子遇到子路。当时的子路形象十分浅薄粗鲁，他头上戴着鸡冠帽，剑上装饰着动物皮毛，性情叛逆倔强、好勇斗狠。一开始，子路粗鲁无礼地对待孔子，表现得毫无教养，但显然，见到孔子后，他很快被孔子的学识和人格魅力所折服，心甘情愿

《子路像》（采自《至圣先贤半身像册》，台北故宫博物院藏）

地成为孔子的贴身保镖，跟随孔子周游列国。

史书记载，他们在游历途中曾遇到过居于蔡国的隐士长沮、桀溺，二人不赞成孔子的奔走讲道，怂恿子路与他们一道避世隐居。还在蔡地遇到另一位指责孔子"四体不勤，五谷不分"的隐士荷蓧（diào）。在子路的护卫下，这一路的坎坷磨砺都没有给孔子造成太大的伤害。由于子路的护卫，孔子的游仕生涯安全了许多。后来，子路做过季氏的管家，还在民风孔武、难以治理的蒲地做过行政长官，直至担任卫大夫孔悝的邑宰①。此前，卫灵公的太子蒯聩由于得罪了史上知名的南子出逃在外，灵公死后，蒯聩的儿子辄即位，却不许他的父亲回国。蒯聩便勾结了他的姐姐即孔悝之母劫持孔悝，并藏身孔家，他们把孔家作为据点发动政变，攻入国中，把儿子辄赶到了鲁国，自己做了卫庄公。而子路就死在这场政变中。

叛乱发生时子路本不在国中，他闻讯急忙往回赶。在城门外遇到了同学子羔，子羔劝他："出公（辄）已经跑了，城门也关了，你可以回去了，不必白白地惹祸上身。"子路却说："我

① 邑宰：管理采邑的长官。

受孔悝之禄，他现在有难，我怎能弃他而去呢？"正在这时，公孙疾奉蒯聩之命率兵车五十乘出城追拿出公辄，子路趁机入城，跑到孔氏堂前。他看到孔悝已被孔姬、蒯聩左右挟持，高声大呼道："子路在此，孔大夫还不走避，更待何时？"此时的孔悝已经失去自由，不敢下堂。子路挺剑上阶，想把孔悝抢夺过来。蒯聩立即命手下武士石乞、盂黡（yǎn）下堂迎敌。石、盂用双戟袭击，子路寡不敌众，力战二十多回合后，石乞一戟刺断子路冠缨，子路心慌力竭，不能招架，身受重伤，掷剑大呼道："大丈夫死不免冠，容我结缨。"说完，就在整理冠缨的过程中被乱刀砍死。（《史记·仲尼弟子列传》）

位于濮阳的子路墓祠

孔子评价子路说："片言可以折狱者，其由也与？子路无宿诺。"也就是说子路非常重信义，答应今天兑现的事情，绝不拖延到明天。孔子对子路忠直不阿、看重信义的品格深信不疑，曾说："如果我的主张行不通，我就乘上木筏子到海外去。能跟从我的大概只有仲由吧！"子路死后，孔子时常念及子路的好处，不无感慨地说："自从子路做了我的侍卫，那些欺侮我的人都不敢再出声了！"子路"食其禄，必救其患"的道义坚持以及尊严重于性命的信念执守使他跻身早期的游侠之列。

在子路这样的平民游侠之外，春秋战国时代也有颇具侠风的贵族豪侠。前文提到的季札，因受封于延陵一带，又称"延陵季子"。他的祖先是周朝的泰伯，曾经被孔子赞美为"至德"之人。泰伯本是周朝的王位继承人，但他的父亲古公亶父有意传位给幼子季历以及孙子姬昌。于是泰伯就主动把王位让了出来，自己则以采药为名，逃到荒芜的荆蛮之地，建立了吴国。

数代后，寿梦继承了吴国王位。寿梦有四个儿子，分别叫诸樊、余祭、夷昧、季札。他的四个儿子当中，以四子季札最有德行，所以寿梦一直有意要传位给他。季札的兄长也都特别疼爱他，认为季札的德行才干，最足以继承王位，所以都争相拥戴他即位。但是季札不肯受位，坚持让兄长诸樊继承王位。

诸樊觉得自己的德能远在季札之下，一心想把持国的重任托付给他，吴人也都拥戴季札，但季札还是婉言谢绝了。季札退隐于山水之间，躬耕劳作，以表明他坚定的志节。

季札之所以受到推崇，与他数次成功的外交活动分不开。有一次，吴国派遣季札出使鲁国。到了鲁国，季札听到了蔚为大观的周乐。季札以深沉的感受力和卓绝的见识，参详了礼乐之教的深远蕴涵以及周朝的盛衰之势。季札出使郑国之时，见到了子产。他们一见如故，仿佛多年的知交。在临别前，季札语重心长地对子产说："郑国的国君无德，在位不会很久，将来国主的位子，一定会传到你的手中。你统理郑国的时候，务必要谨慎，务必以礼来持国。否则郑国很难避免败亡的命运。"他的话果然命中时势。由此，季札以贤者和睿智扬名天下，"季札挂剑"的轶事更使他的侠义形象得以确立。

除了季札这样颇具侠风、谦恭礼让、气宇非凡、已诺必行、不欺己心的一类贵族之外，还有一类诸侯公卿们出于巩固权力、扩大势力的考虑，搜罗游士为己所用，致使养士之风兴盛起来。他们辟馆驿、耗钱财、礼遇宾客，以延请宾客的多少相攀比。在这些借助所蓄养的侠义之士达成雄心抱负的公卿贵胄中，吴公子光是颇具代表性的一位。

公子光是前述诸樊的儿子，季札的侄子。吴王寿梦临死之时，欲立季札，但季札坚辞不受。于是寿梦将王位传给诸樊，并约定"兄卒弟代立"，希望以这种方式使季札取得王位。诸樊继承王位后，立刻要把王位让给季札，并说："这是父王的遗志。"季札回答道："父王在世时，我不愿位列东宫，父王归天，我怎么能抢兄长的王位？哥哥若再逼我，我只好出避他国。"诸樊拗不过季札，只好以父命继位。

做了吴王的诸樊一心想让王位顺利传递给四弟季札，于是，他抱着只求一死的心亲自率领吴军攻打楚国，战死在疆场上。大臣们依照寿梦的遗愿，立余祭为吴王。余祭了解兄长的心意，说："哥哥战死，为的是要把王位尽快传给季札。"他也亲自率军去攻打越国，虽然打了胜仗，自己却被越国的俘虏刺死了。三公子夷昧依次当立，他也不肯登基，坚持让位于季札，但季札宁死也不同意，夷昧只好自己做吴王。同时，他采纳季札的建议，罢兵安民，和好各国，结束了连年的战事。

公元前 527 年，吴王夷昧身患重病。临死时，他重申父兄之命，要季札接替王位。季札再度拒绝，并逃到边邑延陵躲藏起来。国不可一日无君，群臣遂奉夷昧的嫡长子州于为王，改名僚，称吴王僚。僚的继位引起了一个人的不满，他就是寿梦的长孙、诸樊的嫡长子公子光。公子光认为：按照嫡长子的继承传统，王位当属自己；按照先王传弟不传子的遗嘱，也轮不到夷昧的儿子州于。就这样，公子光产生了夺位之心。

公子光深知，当时的王僚不仅有季札的辅佐，更有胞弟掩余、烛庸执掌兵权，僚的儿子庆忌也是吴国著名的勇士，因此，决不能轻举妄动。一方面，他极力表现出忠诚于吴王僚，时时处处都在为吴国效命，以巩固自己作为王兄的地位。公元前 525 年、519 年、518 年，吴楚三次交战，公子光奋勇出战，夺得楚国两座城池，赢得朝野一片赞誉，更博得了吴王僚的信任。另一方面，公子光暗中积极筹备夺位之事，各处招贤纳士，网罗亲信。

正在此时，父兄皆为楚王所杀而逃奔吴国的伍子胥遇到了公子光。公子光把他引荐给吴王僚，吴王僚为伍子胥的才辩所折服，当即拜为大夫。伍子胥随即劝说吴王派公子光领兵伐楚。公子光则别有用心，反过来劝王僚说："这是伍子胥为了替父兄报仇，才要求大王伐楚。现在伐楚未必能够取胜。"吴王僚觉得有理，便疏远了伍子胥。这件事使伍子胥看出公子光的夺位之心，权衡之下，伍子胥决定先助公子光成事，自己暂时退耕于野。为此，伍子胥又把壮士专诸、要离等推荐给公子光。

公子光将伍子胥、专诸、要离等谋士、勇士纳入门下后，接受伍子胥的建议，用专诸刺杀了吴王僚，用要离刺杀了吴王僚的公子庆忌，夺回王权。

专诸，堂邑人。屠户出身。长得英武有力，对母亲非常孝顺，是当地有名的孝子、义士。一次，专诸与一大汉当街厮打，众人力劝不止，其母一唤，他便束手而回。伍子胥恰巧路过此地，看到这个情形，认为专诸不只是好勇斗狠，还能孝义当先，是个可用之才，便把专诸推荐给公子光。

公子光厚待专诸，尤其送了很多礼物金钱给专诸的母亲表达对她的敬重，使得专诸感受到知遇之恩。专诸决定要对公子光以死相报、以命相许，因此，他献计，投王僚爱"鱼炙"之好，藏剑鱼肚，实行刺杀。为此，专诸特往太湖边学习烧鱼之术，练得一手炙鱼的好手艺。

王僚十三年春（公元前514年），楚平王死，王僚派他的兄弟掩余、烛庸二人，起兵伐楚，派他的儿子庆忌往收郑、卫之兵，又使延陵季子（季札）去晋观察中原局势，企图称霸。不料，楚国出动军队，断绝了掩余、烛庸的后路，吴国军队不能归还。这时公子光对专诸说："这个机会不能失掉，不去力争，怎能得到！况且我是真正的继承人，本应当立为国君，季子即使回来，也不会废掉我呀。"专诸回应说："这次刺杀王僚一定能够成功。王僚的两个弟弟带着军队攻打楚国，被楚军断了后路，围困在外，而国内没有正直敢言的忠臣。王僚奈何不了咱们。"见到专诸在最后时刻想的都是行刺之事，丝毫没有顾及自身，公子光以头叩地做出承诺："从此以后，我公子光的身体，也就是您的身体，您身后的事都由我负责了。"这一年四月丙子日，公子光备办酒席宴请吴王僚，同时，埋伏下了身穿铠甲的武士，做好了行刺的准备。王僚虽如约前来，但随行带着大量护卫人员。公子光家里的门户、台阶两旁，都是王僚的亲信。夹道站立的侍卫，都举着长矛。喝酒喝到畅快的时候，公子光假装足疾发作，足痛难忍，伺机躲入地下密室。这时，专诸请求献上鱼炙。按照护卫要求，专诸只能手托菜盘，赤膊跪地用膝盖前行，护卫王僚的武士用利刀架在专诸的肩旁，戒备森严。专诸行至王僚座前，佯装向王僚指点鱼炙，忽然将暗藏于烧好的鱼肚之中的"鱼肠"剑抽出，猛刺王僚，匕首力透王僚脊背，王僚大叫一声，当即死亡。专诸也被周围王僚的卫士砍为肉酱。公子光知事成，即令伏兵齐出，将王僚卫士尽数扑灭。随后，公子光自立为国君，成为史上著名的吴王阖闾。

阖闾自封国君后，封专诸之子专毅为上卿，从优安葬了专诸，曾有《专诸塔》一诗评述此事说："一剑酬恩拓霸图，可怜花草故宫芜；瓣香侠骨留残塔，片土居然尚属吴。"

伍子胥辅佐公子光夺取王位后，吴王兑现承诺出兵伐楚。伍子胥带领吴军五战五捷攻入郢都，掘楚平王墓，鞭尸三百，终报父兄大仇。

《专诸刺王僚》（武氏祠汉画像石）

司马迁所著《史记·刺客列传》以及汉赵晔撰《吴越春秋》等书都记载了这段极富戏剧性的史事。季札、公子光、伍子胥、专诸、要离，他们的出身从贵族阶层到市井平民可谓截然不同，但他们身上所体现出的恩怨分明、知恩图报、仗义果敢、舍生取义等精神气质又是如此相匹。正是这些性情激越的个体聚集在一起，才演绎出这样一段惊天动地、酣畅淋漓的事件。历史上，公子光蓄养士人的直接目的，是夺回他自以为属于自己的王权。他也的确以此达成了目的，成为养士的获益者。同一时期，出于直接的或间接的政治目的，不少公卿王侯不惜罄尽家财聚士，如齐庄公姜光、晋国的公卿栾盈、楚国的权臣白公胜，都通过养士获益匪浅。他们中靠养士有的摆脱了困境，有的清除了政乱，还有的报了国难家仇。

到了战国时期，养士更固化成为贵族公卿的一种生活方式。战国时著名的四公子①，不只养士为己所用，更把聚士的多少当成互相比附、倾权的资本。在这些公卿王侯所聚集的士中，即如公子光招募的伍子胥、专诸、要离等，都是以侠义和勇力著称的侠者。在那个战乱年代里，礼崩乐坏，政治局势瞬息万变，权力倾轧时时发生，个体所具有的勇敢、武力和信念以及对于名誉的爱重，成为赢得权力的必需条件，所以，人们对勇武之人十分看重，争相延纳。上述种种使得游侠得以聚集，以致形成一股强大的社会势力。

总的说来，游侠是在社会急剧动荡、变革中形成的游民中

---

① 四公子：指战国时，齐孟尝君、楚春申君、魏信陵君、赵平原君。皆因身为贵族公子而执政。

的一个阶层。游侠形成的主要原因是社会的动荡和许多人因此而产生的生存危机。每当社会的动荡时期，就会有许多人丧失掉原有的财产或地位，沦落到无依无靠的地步。这些人没有固定的职业，又没有其他的技能，他们大多无家无业，十分贫困，不得不寄食于他人门下，依靠自己的智能和武勇为他人排忧解难，并以此谋生。孟尝君门下有个叫冯骥（huān）的游侠，在投奔孟尝君时就直截了当地说自己是由于"闻君好士，以贫身归于君"。冯骥投奔孟尝君时，身上只有一柄用破草绳子缠着剑柄的剑（《史记·孟尝君列传》），足见其穷困潦倒。另外也有人犯了法、杀了人，不得不逃离故土，浪迹天涯，如因"杀人避仇"而逃至异乡的聂政，后来为报严仲子的知遇之恩，成为刺客。这些人只有靠任侠才能得以生存，或者说才可能活得有尊严，活得更好。司马迁在《史记·货殖列传》中由此说道："其在闾巷少年，攻剽椎埋，劫人作奸，掘冢铸币，任侠并兼，借交报仇，篡逐幽隐，不避法禁，走死地如鹜者，其实皆为财用耳。"

游侠产生的另一个原因，是动荡年代里法律秩序遭到严重破坏，社会上不平和危难之事比比皆是，人人自危，难以自保；强弱对比加大，恃强凌弱之人增多。弱者需要得到保护和救助，需要专门趋人之急的人出来打抱不平。战国时，魏王宠爱的夫人如姬的父亲被恶人所杀，如姬悬赏三年，请人替她报杀父之仇，却无人响应。无奈，她只好不避嫌，去向有名的卿相之侠、魏王的弟弟魏公子无忌哭诉，无忌立即派人替她杀了仇人。（《史记·魏公子列传》）连如姬这样一位国君的爱姬尚且有冤难平，需要游侠的帮助，那些被人夺去妻儿、霸占了家财的平民百姓，就更需要得到保护。此外，游侠兴盛的年代一般都是政权频仍、政局混乱、法网疏阔的时期，其主要的原因是统治者治政不力，使得游侠获得在法律边缘行使权力，并补充法令不公之处的空间。

士人勇为游侠的另一个重要原因还在于行侠仗义可以使他们立功成名，留名青史。游侠荆轲之所以甘当刺客，与其说是为了报答燕丹的知遇之恩，不如说是为了完成一桩惊天地、泣鬼神的壮举。故而司马迁在《史记·刺客列传》中说："自曹沫至荆轲五人，此其义或成或不成，然其立意较然，不欺其志，名垂后世，岂妄也哉！"人固有一死，或重于泰山，或轻于鸿毛，追求名垂青史，才是游侠之所以不爱其躯赴人之厄困的最主要动机。

（二）先秦的游侠

游侠是从士阶层中分化出来的，这决定了他们天然具有先秦士人的基因特质。先秦的士人普遍接受过礼、乐、射、御、书、数等多种教育，对国家和社会具有使命感，有着公益之心，正义之念。同时，他们对个体尊严和名誉格外看重。由此，游侠的突出特质在于他们普遍有信念、重操守、讲气节，勇于动用武力和牺牲性命去济贫扶难，博取名誉。这些特性，在游侠产生之初的春秋战国时期，表现得最突出、最充分。春秋时期，侠风始倡，当时如晋国赵盾、赵朔的门客公孙杵臼、程婴舍生忘死救助赵氏遗孤，吴国公子光门下的专诸不吝其躯刺杀吴王僚，都称得上侠义之人。迄至战国时代，侠风大盛，游侠已从士人中脱颖而出，他们结党联群，形成一定的势力和影响，并常常能够左右政局，甚至能消除令生灵涂炭的战争危害。其中轻死重义、已诺必诚、不爱其躯、仗义任侠的人物如墨子、孟胜、蔺相如、鲁仲连、王烛、虞卿、唐雎（jū）、信陵君、平原君、朱亥、毛遂、豫让、要离、聂政、荆轲、高渐离、田光、缩高等，或单人独剑行刺暴君，或意气相投引为知己，共同成其壮举。他们的侠义精神给那个昂扬奋发的时代谱出更加慷慨悲壮的乐音。

这一时期，由于社会一直处于各国分治的局面，战乱纷仍，故而给了游侠以纵横驰骋的社会环境，游侠势力因此得以兴盛和壮大。他们除了替百姓排难解忧之外，还有机会参与到各个国家的政治生活中，帮助弱小国家抵御强国的侵略和吞并，使百姓免受战争的伤害。也有游侠卷入各国的政治纷争中充当刺客，而且，这一时期的刺客大多目的性强，仗义行刺，剑术和武艺倒不是他们最为看重的，这使他们有别于后代的职业刺客。有关刺客的内容在后面还将专门谈到，在此不再赘述。

总的来说，游侠在先秦时期主要扮演着下面几种历史角色。

1. 救亡图存，扶弱抑强

游侠不畏强权、扶难济困的特性决定了他们在春秋战国时代承担的重大使命，即救亡图存，扶弱抑强。

先期的游侠与墨家团体有着摆脱不掉的关系。战国时期百家争鸣，其中墨家有平等意识，乐善好施，不重钱财，重交轻命，"墨子服役者百八十人，皆可使赴火蹈刀，死不旋踵"（《淮南子·泰族》）。即是说墨子有一百八十名弟子，个个信念坚定，不怕牺牲，即使让他们赴汤蹈火，也在所不辞。这些特性与游侠的特质极其相近，因此鲁迅先生称"孔子之徒为儒，墨子之徒为侠"[①]，将墨家与游侠画了等号。而冯友兰先生则认为"墨家"是由"侠"发展演化而来的。[②] 他说，"墨家者流，盖出于游侠之士"，"及贵族政治崩坏以后，失业之人乃有专以帮人打仗为职业之武专家，即所谓侠士，此等人自有其团体，自有其纪律。墨家即自此等人中出，墨子所领导之团体，即是此等团体"。[③] 尽管这种说法似有可商榷之处，但它说明"侠"与"墨"之间在思想信念和行为方式上有很大程度的一致性，许多墨家的领袖和门徒都有侠者之风。墨家的创始人墨子便时常四处奔走游说，以自己的军事技能和墨家群体的实力作为谈判筹码，反对侵略战争，努力在战火未燃之际以外交手段消泯战乱，救助弱小国家的百姓免受生灵涂炭，由此看来，墨子的确称得上是一位大游侠。

春秋末年，楚国为了吞并弱小的宋国，请来能工巧匠公输般（鲁班），制造出云梯等器械准备攻打宋国。身在鲁地的墨子听到这个消息，不顾个人安危，赶了十天十夜的路来到楚国郢都（今湖北江陵西北）。墨子见到公输般后，对他说："北方有人侮辱了我，请您千万别推辞，替我杀掉他。"

---

① 鲁迅：《三闲集·流氓的变迁》，见《鲁迅全集》第四卷，人民文学出版社 2005年版，第 159 页。
② 参见冯友兰：《中国哲学史·原儒墨》，商务印书馆 1947 年版。
③ 冯友兰：《中国哲学简史》，长春出版社 2008 年版，第 25 页。

公输般很不高兴地回绝说："我是讲究仁义的君子，从不替人杀人。"墨子紧接着质问公输般："我听说先生正为楚国攻宋制造云梯。弱小的宋国并没有得罪强大的楚国。先生帮助楚国以强凌弱，你所谓的仁义就是不肯杀一人而可以妄杀万人吗？"公输般被问得哑口无言。

墨子又去说服楚王："楚强宋弱，楚国若侵略宋国，就跟贪得无厌的富豪偷窃穷人一样，是不义之举，注定会失败。"随即，他解下腰带作为城池，用小木片当作攻城的器具，当场与公输般推演攻守之术。公输般多次变换攻城的招数，都被墨子挫败了，直到公输般的招数用尽，墨子的守城之术还没施展完。公输般败下阵来，起念想要除掉墨子。墨子早料到这一点，又对楚王说道："公输般以为杀了我，就没有人替宋国守城了。但我的弟子禽滑釐（Qíngǔ xī）等三百人已带着我的这种守城器械，在宋国城上专等楚国入侵呢。"楚王只好打消了攻宋的念头。

解除了宋国兵患的墨子在归途中经过宋国，天正下雨，墨子想进城门避避雨，但守城门的人并不知这人正是刚刚救了宋国的墨子，不肯让他进城避雨。墨子并不抱怨，也不解释，就如同什么都没有发生过一样。所谓求仁得仁，真正的侠者只求坚守自己的理念，不愧对自己的内心，对于是否获得回报没有丝毫期待和介怀。

齐国人鲁仲连，也是战国时一位游历四方、专门替人排忧解难的侠义之人。赵孝成王时，秦王派白起在长平击溃赵国四十万军队，接着向东挺进，围困了邯郸。赵王很害怕，各国虽有派出的救兵，但没有谁敢真正与秦军对抗，都驻足观望。魏安釐王派出将军晋鄙营救赵国，晋鄙也畏惧秦军，驻扎在汤阴不敢前进。同时，魏王派出客籍将军辛垣衍，从隐蔽的小路进入邯郸，希望由赵国的贵戚平原君赵胜引见给赵王，打算劝赵王说："秦军所以急于围攻赵国，是因为以前和齐湣王争强称帝，不久又取消了帝号；如今齐国已然更加削弱，当今只有秦国称雄天下，秦国这次围城并不是贪图邯郸，他的意图是要重新称帝。赵国果真能派遣使臣尊奉秦昭王为帝，秦王一定很高兴，就会撤兵离去。"平原君犹豫不能决断。恰在此时，鲁仲连客游至赵国，听说了这件事，便来见平原君。鲁仲连责备赵胜说："我原来以为您是天下闻名的贤公子，现在看来并非如此。请把辛垣衍叫来，让我当面质问他。"见到辛垣衍，鲁仲连反复陈说奉秦为帝将给各国乃至辛垣衍自身带来的恶果，并表示自己将说服梁、燕、齐、楚一同救助赵国。辛垣衍心悦诚服，拜谢而去。

秦将听了这个消息，退兵五十里。这时魏公子无忌（信陵君）夺了晋鄙的军权引兵救赵，秦军只好退兵。事后，平原君要封赏鲁仲连，鲁仲连再三推辞，不肯接受。平原君又摆下酒席，并以千金献给鲁仲连。鲁仲连笑道："我之所以为天下闻名的义士，正是由于为人排患、释难、解纷乱而无所取。有所取，则是商人之举，不是我辈所为。"于是告别平原君，终生不再见他。（《战国策·赵策三》）

无独有偶，正如历史上英雄人物往往不是孤立存在一样，侠士在这个历史事件中集中涌现，共同成就了一段侠义故事。就在鲁仲连竭力阻止平原君奉秦为帝的时候，赵国的盟国魏国内部围绕是否救赵的问题产生了两派意见。这是由于赵惠文王弟弟平原君的夫人是魏公子无忌的姐姐，她多次给魏王和公子送信来，向魏国请求救兵。魏王派将军晋鄙领兵十万去救赵国。秦昭王得知这个消息后就派使臣告诫魏王说："我就要攻下赵国了，这只是早晚的事，诸侯中有谁敢救赵国的，拿下赵国后，一定调兵先攻打它。"魏王很害怕，就派人阻止晋鄙进军，把军队留在邺城扎营驻守，名义上是救赵国，实际上是采取观望的策略。见魏国按兵不动，平原君不断地派出使臣到魏国来，频频告急，责备信陵君说："我赵胜之所以自愿依托魏国跟魏国联姻结亲，就是因为公子的道义高尚，能热心帮助别人摆脱危难。如今邯郸危在旦夕，早晚就要投降秦国，可是魏国救兵至今不来，公子能帮助别人摆脱危难又表现在哪里！再说公子即使不把我赵胜看在眼里，抛弃我让我投降秦国，难道就不可怜你的姐姐吗？"信陵君为这件事忧虑万分，屡次请求魏王赶快出兵，又让宾客辩士们千方百计地劝说魏王。魏王由于害怕秦国，始终不肯听从公子的意见。信陵君不忍坐视赵国灭亡，同时，他也不愿自身作为侠义之士的名誉由于见死不救而受到损毁，于是他决定孤注一掷，以死来捍卫侠士为人排忧解困的信念。他召集手下宾客，聚集了百余乘战车准备前去迎战秦军，誓与赵国共存亡。

　　也许是对自己的决定有些迟疑，也许是出于尊重长者的习惯，或者希望自己赴死的举动不泯于后世，能够借由一位德高望重的人传播，出城前，信陵君特地去拜望守城门的老人侯嬴。侯嬴是当时一位富有贤名的侠士，信陵君一贯对他敬重有加，以礼相待。信陵君对侯嬴说了自己的打算。老人淡然说道："公子好自为之吧，老臣不能追随了。"信陵君走了几里路后，心里很不是滋味，说道："我对待侯生周到备至，天下人没有不知道的。现在我将要赴死，侯生竟没有一句辞别的话，难道是我有什么过失吗？"又引车返回。侯生见了公子笑道："我知道公子您会回来。公子喜爱养士，名闻天下。如今往战秦军，犹如以肉投饿虎，您有没有想过宾客们的性命？又把宾客们置于何地？"信陵君如梦初醒，他连忙向侯嬴拜了几拜，请教计谋。侯生屏退周围的人，对信陵君言道："我听说调动军队用的虎符①通常放在魏王的寝宫内。魏王最宠爱如姬，她能出入魏王的卧室，可以窃到虎符。公子对如姬有恩，如姬定会答应您的请求，为您取得虎符。您只要用虎符夺了晋鄙的军队，就能够击退秦军，救了赵国，这是相当于春秋五霸所立的功业。"随后，他预计晋鄙即便见到虎符也不会轻易交出兵权，又向信陵君推举了另一位隐居在市井以屠夫为业的侠士朱亥，令其在晋鄙不交兵权时击杀晋鄙。

信陵君即将出发前，侯生对信陵君说："臣本应跟从您前往，只是年迈无法成行。我会计算着您到达晋鄙军队的那一天，向北自刭，来为您送行。"

在如姬的帮助下，信陵君窃得虎符，他率领宾客携虎符来到军中。正如侯嬴所料，晋鄙虽见虎符，仍不肯出兵，信陵君便令朱亥击杀晋鄙，夺了晋鄙的军队。信陵君整顿队伍，在军中下令，说："父子都在军中的，父亲回去。兄弟都在军中的，哥哥回去。独子没有兄弟的，回家奉养父母。"这样挑

---

① 虎符：古代调兵用的凭证，用铜铸成虎形，分两半，右半存朝廷，左半给统兵将帅。调动军队时须持符验证。

选出八万精兵，发兵攻打秦军。秦军受到意外攻击，军心涣散，又受到守军全力抵抗，只能撤退回国，邯郸因此得救。

就在信陵君到达晋鄙军中的那一日，侯嬴果然北向自刭。（《史记·魏公子列传》）

游侠为成就侠义之事，往往不惜代价，不择手段，不惧做出重大牺牲。这种超越常人理性范畴的行为，反倒往往是他们得以成功的条件。信陵君窃符救赵，本是件功德无量的大侠行，使刚刚蒙受长平之难的赵国百姓免受再一次的生灵涂炭。但晋鄙作为一员忠心于君王的战将，断然不会轻易交出兵权，势必成为这场侠义之举中无辜的牺牲品，这一点，信陵君很清楚，故而他在同意侯嬴击杀晋鄙的计策后，不由得流下不忍的眼泪；侯嬴更明白信陵君涕泣的原因，故而他偏偏选在信陵君到达晋鄙军中之时自刭，他这是在以自己的生命答谢晋鄙的牺牲，并以此激励信陵君，使他不至于因一时不忍，而功败垂成。赵国的得救，正得之于游侠不畏强暴、不怕牺牲的果敢言行。

从历史的角度看，秦国统一六国势在必行，代表了进步的历史趋势。但在统一的过程中，秦国的强暴和凶残的确给各国人民带来巨大的灾难。长平一役，秦将白起一举坑杀赵国降卒四十余万，造成生灵涂炭。秦国还依仗强大的军事实力向其他各国强取豪夺，欺凌侮辱。故而在当时，秦国被视为不义和无道，成为游侠抗争的主要敌人。游侠站在弱小国家和无辜百姓的一边，为之奔走呼号、流血牺牲，起到了救亡图存的作用。鲁仲连、信陵君、平原君、侯嬴、朱亥、如姬诸人，或为救国救民，或为报答恩情，或为成就义名，他们前赴后继、慷慨赴死、义薄云天，成就一段传颂千古的英雄故事。春秋战国，正是游侠最辉煌的一段时光。

但是，历史的大势无法阻挡，秦军不断推进，连灭韩、魏两国，又想鲸吞魏的附属国安陵（今河南鄢陵西北），假称要以五百里土地与安陵交换。安陵君为求自保，派唐雎前去游说秦王。

秦王并没把一介布衣的唐雎看在眼里，问："我用十倍于安陵的土地交换安陵，让你们国君的土地增大，他却拒绝我，难道是看不起我吗？"唐雎回答："并非如此。只是安陵虽小，却是国君祖上传下来的，即使给他一千里地他也不敢交换，更何况五百里呢？"秦王大怒，说道："你听说过天子发怒的样子吗？"唐雎答道："臣没听说过。"秦王说："天子之怒，伏尸百里，流血千里。"唐雎说："大王听说过布衣发怒的样子吗？"秦王不屑地说："布衣之怒，不过掉了帽子光着脚，用脑袋去撞地罢了。"唐雎说："那是庸夫发怒的样子，不是义士之怒。专诸刺王僚，令彗星袭月；聂政刺韩傀（guī），令白虹贯日；要离刺庆忌，有苍鹰扑击大殿。这三个人都是布衣中的义士，他们的怒气一发可以感天动地。如今加上小臣我，就是四个人了。义士一怒，只需伏尸二人，流血五步，天下却要人人服丧了。"说着，挺剑而起，秦王大惊失色，连连谢罪道："先生请坐，何至于此。我已明白了，韩魏先后灭亡，而仅有五十里的安陵却保全着的原因，正因为有先生在呀。"（《战国策·魏策》）

唐雎以性命相搏保住了安陵，另一位侠士蔺相如则以性命抗拒秦王贪婪无理的要求，保住了赵国的国宝和氏璧，维护了赵国的尊严。这便是侠士所起的另一种作用，为弱者排忧解难，抵抗强权。

2. 排忧解难，化险为夷

秦昭王势力大盛时期，赵惠文王得到一块宝玉，即著名的和氏璧。秦昭王得知后，派人给赵王送了一封信，表示要用十五座城池与和氏璧相交换。当时，秦王的军队连连战胜，势不可挡，各国纷纷割地求和，换取暂时的自保。赵王显然知道秦王以城换璧的提议不过是强取豪夺和氏璧的借口，但又不敢回绝秦王的提议，担心一旦拒绝会引来秦军马上来攻打。一时无计可施，甚至想找一个能派到秦国去回复的使者都无人响应。赵王左右为难，问计于属下，有位近臣向赵王推荐了自己的宾客——蔺相如。赵惠文王召见蔺相如，要他出个主意。相如说："秦国强，赵国弱，他们的要求不能不答应。"赵惠文王说："要是把和氏璧送了去，秦国取了璧，不给城，怎么办呢？"蔺相如回答："秦国拿出十五座城来换一块璧玉，这个价值是够高的了。要是赵国不答应，错在赵国。大王把和氏璧送了去，要是秦国不交出城来，那么错在秦国。宁可答应，叫秦国承担错误。"赵惠文王说："那么就请先生去一趟秦国吧。可是万一秦国不守信用，怎么办呢？"蔺相如毅然表示："大王如果找不到合适的人选，我愿意作为使臣奉璧前往。秦国交了城，我就把和氏璧留在秦国；秦国不把城池给赵国，我保证完璧归赵。"

相如到达秦国后，受到秦王召见。相如在殿上将和氏璧献给了秦王，但他发现秦王无意用城池进行交换，便借口要向秦王指示玉上瑕疵，要回宝玉。相如将宝玉持在手里，开始痛斥秦王的贪婪与无道，并表示如果秦王不肯交换，自己决定玉石俱碎，说着便持璧看准身后的殿柱，要往上撞。秦王怕相如撞坏了和氏璧，只好听从蔺相如的安排，宣布斋戒五日后，再举行交换仪式。

返回客舍后，相如权衡再三，认为秦王确实无意以城易璧，就让手下人携和氏璧从小路先逃回赵国，自己留在秦国。

五日后，秦王在宫廷中设礼引见蔺相如。相如面对秦王，说道："秦国从缪公以来二十几位国君，没有一人讲信义、守盟约的，我怕被您欺骗而辜负了赵王，故而让人持璧回国。我知道欺骗大王罪当诛杀，请您赐我烹煮之刑。"秦王见和氏璧已不在相如手上，杀了相如会使秦赵从此绝交，更无法得到宝玉，只好完成接见之礼，放回蔺相如。

这以后，秦国不断征伐赵国，攻城略地。忽有一日，秦王派使者告诉赵王，要与赵王在渑池（今河南渑池西）举行友好会见。赵王不敢去，相如说："大王如果不去，显得赵国弱小胆怯。"于是相如陪同赵王一起前往赴会。

渑池会上，双方都饮酒至酣。秦王借着酒意，对赵王说："我听说赵王擅长音乐，请奏瑟来听。"赵王鼓瑟，秦国的史官便上前记道："某年月日，秦王与赵王会饮，令赵王鼓瑟。"蔺相如不甘示弱，上前言道："赵王听说秦王擅长秦地音乐，请让我奉上盆缶，敲击为乐。"秦王大怒，不肯答应。相如持缶跪请秦王，说："五步以内，我头颈里的血就会溅到大王身上！"秦王身后的卫士都被相如的气势慑服，又担心伤到秦王，不敢动作。秦王十分恼怒，不得已敲了一下缶。相如回头召唤赵国史官，记道："某年月日，秦王为赵王击缶。"秦国的大臣嚷道："请赵王献十五座城给秦作为礼物。"相如回答："请秦王把咸阳（秦都城，今陕西咸阳东）献给赵王作为礼物。"直到酒宴结束，秦王终究没能占上风，赵王得以平安归国。

蔺相如在国难当头，无人敢于承担责任的危难之际挺身而出，凭着侠士的大智大勇，既保住了赵国的和氏璧，又保住了赵王的颜面，使弱小国家的国君在忧患之际能够赢得一线生机，残留一丝尊严，他也在这个过程中脱颖而出，实现了自身的价值，成就了士人的名誉。在那个动荡、战乱的年代，又何止是国君会经常身临险境，几乎每个阶层的人都有意想不到的危险降临，危难之际，人人都渴望有侠义之士挺身而出，解困济难。有门客无数的孟尝君，曾被秦王囚于秦国，是手下两位门客，凭鸡鸣狗盗的小技救其脱险；范雎曾被魏国宰相魏齐冤屈，险些丧命。后来，范雎做了秦相，欲借秦国的势力报复旧仇，于是对魏齐严令追杀，魏齐被迫逃至友人赵国名相虞卿处避难。秦王和范雎扣留了出使秦国的平原君，逼迫赵国交出魏齐。平原君出于侠义，不忍交出魏齐，甘愿为囚；为使平原君安全归国，又救助友人脱离危险，虞卿仗义弃官，陪同魏齐微服出逃，从此再不入仕。春秋战国时代是一个动荡和战乱的时代，也是一个呼唤游侠并产生了无数侠者的时代。

3. 重信轻命，以死全交

孔子的弟子子路被认为是早期游侠的代表人物。如前所述，卫国发生内乱，子路本不在城中，可以避开灾难，但他坚执"食其食者，不避其难"的信条，为救困在城内的孔悝，孤身赴难。为了维护自己的形象尊严，子路竟然在格斗现场整理冠带，在系帽带子时被杀身亡。在现代看来迹近迂腐的子路却被后世的游侠作为尊崇和效仿的典范，汉代的游侠都以做到"杀身成名，若季路（即子路）"来标榜自己的德行。（《汉书·游侠传》）而孔子则认为子路实践了儒家的行为准则。由此可见，儒家与游侠在思想信念上也有其相同之处，即一方面，他们都非常爱惜名誉，追求名存后世，为了维护个人的名誉和人格尊严，不怕牺牲；另一方面，他们都信念坚定，重信轻命，能够做到"富贵不能淫，贫贱不能移，威武不能屈"。

墨家的第三代巨子①孟胜所为，亦显出游侠重信轻命的豪情。据《吕氏春秋·尚德》中记载，孟胜与楚国的贵族阳城君相友善，并为其负责城防。后来楚国发生内乱，阳城君出逃，孟胜却决心不负重托，以身殉城。他先把巨子之位传与后继者，而后从容赴死。随之殉难的还有一百多位墨家弟子。

春秋时期发生在晋国的"赵氏孤儿"史案中，也出现了数个重信轻命、以死全交的侠士。晋灵公无道，被赵穿杀死，赵穿接回遭灵公嫉害而逃至国外的大臣赵盾，二人扶立晋成公执政。成公过世后，景公即位。到了晋景公三年（公元前597年），灵公宠臣屠岸贾以讨伐弑杀灵公的赵氏家族为借口发动宫廷政变，灭了赵氏一族。这就是有名的"下宫之难"。

屠岸贾灭赵氏一族的借口就是："赵氏的先人赵盾虽然不知情，但仍然是逆贼之首。做臣子的杀害了国君，他的子孙却

---

① 巨子：墨学大师。

还在朝为官，这怎么能惩治罪人呢？一定要诛杀他们。"大臣韩厥曾受赵盾提拔之恩，又是赵盾长子赵朔的朋友，竭力劝阻说："灵公遇害的时候，赵盾在外地，我们的先君认为他无罪，所以没有杀他。如今各位将要诛杀他的后人，这不是先君的意愿而是随意滥杀，随意滥杀就是作乱。为臣的有大事却不让国君知道，这是目无君主。"屠岸贾不听。韩厥只能告知赵朔赶快逃跑。赵朔不肯置赵氏一族不顾而只身逃走，他拜托韩厥说："您一定要保证不使赵氏的香火断绝，我死了也就没有遗恨了。"韩厥答应了他的要求，托病在家。屠岸贾不经请示国君就擅自带领将士在下宫攻袭赵氏，灭绝了赵氏家族。

赵朔的妻子是成公的姐姐，当时正怀有身孕，她逃到景公宫里躲藏起来。赵朔的一位门客名叫公孙杵臼，另外一个友人叫程婴，当时都未在现场，故而逃过一劫。在赵朔死后，公孙杵臼找到程婴问："你为什么不随赵朔而死？"程婴说："赵朔的妻子有身孕，如果有幸是男孩，我就奉养他；如果是女孩，我再去死。"过了不久，赵朔的妻子分娩，生下一个男孩。屠岸贾听到后，到宫中去搜查。没有搜到，婴儿侥幸逃脱。程婴对公孙杵臼说："今天一次搜查没有找到，以后一定要再来搜查，怎么办呢？"公孙杵臼问："扶立遗孤和死哪件事更难？"程婴说："死很容易，扶立遗孤很难啊。"公孙杵臼说："赵氏的先君待您不薄，您就勉为其难吧；我去做那件容易的事，让我先死吧！"程婴和公孙杵臼用别的婴儿换下赵氏孤儿，然后程婴假意向官府举报了公孙杵臼藏匿赵孤的事，带兵找到了公孙杵臼。公孙杵臼假意斥责程婴，怀抱"赵氏孤儿"被杀。程婴则携真正的赵氏孤儿隐藏到深山里，并将他抚养成人。

十五年后，晋景公生病，按当时的惯例进行占卜，占卜的结果说是帮助晋国成就大业的宗室后代子孙不顺利，因而作怪。景公问韩厥，韩厥知道赵氏孤儿还在世，便说："后代子孙中如今已在晋国断绝香火的，不就是赵氏吗？赵氏先祖从周王朝来到晋国，侍奉先君文侯，一直到成公，他们世代都建立了功业，从未断绝过香火。如今只有君主您灭了赵氏宗族，晋国人都为他们悲哀，所以在占卜时就显示出来了。希望您考虑考虑吧！"景公问道："赵氏还有后代子孙吗？"韩厥就把实情告诉了景公。于是景公就与韩厥商量找回赵氏孤儿赵武。随即派兵与程婴、赵武一同攻打屠岸贾，诛灭了屠岸贾的家族。随后，景公重又把原属赵氏的封地赐给赵武。

程婴为赵武举行了冠礼①，向诸大夫一一告辞，他对赵武说："下宫之难发生时，门客们都能跟从你的父亲而死，我不是不能从死，是为了抚育赵氏的后代。现在你已重受封立，又到了成年，我要到地下去回报赵盾与公孙杵臼了。"于是自杀而死。（《史记·赵世家》）

这件史事最早记载在春秋时的史书《左传》中，记述的是晋国大夫赵朔的遗孀，晋成公之女庄姬与赵朔叔叔赵婴齐乱伦私通，引起赵家内讧。赵婴齐因家丑被放逐齐国，由此引起庄姬忌恨，遂联合与赵氏有积怨的栾氏等家族，以诬陷赵家谋反为由发难，除庄姬的儿子赵武在宫中抚养外，赵家几乎满门皆斩。晋国执政大夫韩厥蒙恩于赵氏，因此力保赵氏，赵氏土地

---

① 冠礼：古代男子成年时举行的加冠礼仪。

得以保留，后来又封于赵武，使赵氏家族得以复兴。显然，后世文人更愿意采纳司马迁《史记》中荡气回肠、豪侠仗义的版本，并将其戏剧性、悲壮色彩发扬光大，发展成元代戏剧《赵氏孤儿》，明代又被改编为《八义记》等，并在民间以多种戏曲形式广泛流传。《赵氏孤儿》也是第一个被翻译成欧洲语言的中国剧本，在海外产生了较大影响。知恩图报、重信轻命，正是先秦侠客的本色。在公孙杵臼与程婴看来，殉一死以成侠士之名是很容易的，而蒙受卖主求荣的不耻之名活下去，才是件难事，这足见游侠重名誉胜过生命。另一方面，为了报答知遇之恩，为了成其大名，游侠也不惜忍辱负重，苟且偷生，成全真正的大节大义。程婴与公孙杵臼的故事能够传唱至今，甚至流传国外，魅力正在于此。

4. 舍生忘死，勇成其名

很多游侠毕生的追求并非荣华富贵，他们所惧怕的也不是贫穷和死亡，他们最为不甘的是籍籍无名，追求的是名垂青史。荆轲、豫让、聂政、要离等人都因行侠在历史上留下了英名，虽然这几个人行刺的目的有所不同，但他们渴望立功成名的心愿是相同的。即便有时他们被埋没于庸人中，混同于众人，也不愿自暴自弃，而是寻找时机，力求脱颖而出，立功成名。

秦军围困赵国邯郸时，赵王派平原君到楚国求救。平原君表示要从门下宾客中挑选二十名文武兼备的人一同前往，但选来选去，只有十九人够资格。这时，有一位叫毛遂的门客上前自荐。平原君向他询问："先生在我这里几年了？"毛遂回答：

"三年了。"平原君不以为然地说:"贤士大夫处世,就像锥子处在囊中,锥子尖立刻就该露出来。您在我这儿已三年了,未见您有什么表现。"毛遂回答:"我现在就请您把我放入囊中,我一入囊中,自会脱颖而出。"于是,平原君答应了毛遂的请求。

一路上,毛遂以他不俗的谈吐令同行的人心悦诚服。到了楚国,平原君与楚王商量合纵抗秦的事,谈了一上午,都没有结果。平原君随行的人都把期待的目光投向毛遂,只见毛遂从台阶底下按剑而上,问平原君:"合纵的紧要性,两句话就说清楚了,为什么这么久还没决定?"楚王不满地问平原君:"这是什么人?"平原君回答:"是我的门客。"楚王喝道:"还不退下!我和你家主人说话,你上来干什么!"毛遂按剑上前言道:"大王之所以敢吆喝我,不过凭着楚国强大。现在十步之内,大王倚仗不上楚国的强大了,您的命在我的手里。"接着他力陈秦国给楚国造成的威胁,说明合纵不只是为了赵国,更是为了楚国。楚王闻听,只有唯唯称是。毛遂当即让楚王手下取来鸡狗马之血①,捧着铜盘进献楚王:"大王先歃(shà)血②定下合纵的盟约,然后由我家主人歃血,再后是我。"于是赵国与楚国定了合纵盟约。由于楚、魏发兵救赵,秦国被迫退兵,而毛遂的名字,也随之载于史册,并以"毛遂自荐"和"脱颖而出"二句成语而妇孺皆知。毛遂的侠义之处,就在于他勇于在国家危难之时挺身而出,不畏强权,仗义执言,既为国家解除

---

① 鸡狗马之血:古人盟约时使用的牲畜,依贵贱不同,天子用牛及马,诸侯用犬及猪,大夫以下用鸡。

② 歃血:古人盟誓时的一种仪式,宰杀畜禽,盛血以盘,盟誓者以口沾吮之。

了危难，又成就了自己的功名。

5. 坚持信念，信守义理

缩高，战国时期魏国所封安陵国人。公元前 247 年，信陵君合纵五国攻秦，大破蒙骜于河外，追杀秦军直至函谷关，取得了前所未有的对秦国的战绩。战役前期，信陵君攻打管城（今河南郑州市一带），久攻不下，而缩高之子正是秦国管城的守将，信陵君要求安陵君命令缩高替魏国劝降他的儿子，并且威胁说，如果安陵君不能说服缩高，他会发动十万大军，踏平安陵城。但缩高以不可教子叛君和不可坏父子之义为由拒绝服从，安陵君也表示不会为了自身的安全迫使缩高违反大义。缩高得知后，为了避免自己的违逆连累安陵君，给安陵带来灭顶之灾，就刎颈自尽。

信陵君得知缩高死讯，亲自为他服丧，并派使者向安陵君谢罪说："我是个小人啊，缺乏考虑，对您说了不该说的话，请求您原谅我的罪过。"（《战国策·魏策四》）

后代也有人如宋元之际史学家胡三省等对于缩高和安陵君的言行有所批判，认为二人夸夸其谈，数典忘祖，拘泥小义，但不可否认的是，缩高和安陵君都坚持了自身笃信的信念和义理，即便是以侠义著称的信陵君也要对二人表示钦敬之心。对于侠者而言，他们首先考量的并非生死安危和大势所趋，而能够让他们执念的唯有道义和信念，这一点，得到了同样遵奉侠义信念的信陵君的尊重，信陵君也因此提升了自身的侠义之名。这一次对秦作战的胜利，也许正是合纵国在道义上占上风起到了关键作用。

三、游侠的嬗变

（一）两汉游侠

秦国的统一和发展得益于商鞅变法的推行，商鞅变法使得秦国在政治、经济、军事上都得到了极大的发展，同时，秦朝的统一以及秦所实行的严刑酷法，显然限制了游侠的势力发展。现有秦律资料中出现的罪名逾百种，刑罚非常严苛，手段非常残酷，不仅死刑种类多，还滥用肉刑。如《史记·秦本纪》记载，秦始皇将嫪毐（Lào'ǎi）"车裂以徇"，即用车分裂肢体，俗称"五马分尸"；《史记·商君列传》中有"不告奸者腰斩"，即将人从腰部斩断；《史记·李斯列传》记载"秦二世将公子十二人戮死于咸阳市"，即或者对犯人先刑辱示众再斩首，或者先斩首再将尸体示众。上述种种，都是对于王公贵族施以酷刑的记载，而对待平民百姓，则更加残酷。据西汉时期的《盐铁论》记载，在秦代，由于滥施刑罚，割下来的鼻子堆成堆，砍下来的脚装满了车。《史记》等书中也述及，秦始皇时，"隐宫徒刑者七十余万人"。秦代还广泛采用株连的手段，族刑成为法定刑罚制度，《史记·秦始皇本纪》中便有"以古非今者族"的记载，也就是一人犯罪，同居的父母、兄弟、妻子都要受罚，甚至同村人都要受株连。严刑酷法的结果，是使全国到处都是罪犯。"赭衣塞路，囹圄成市"（《汉书·刑法志》），成为当时的常景，也就是说，道路上充塞着穿红色囚服的犯人，监狱遍布全国，监狱里关起来的犯人多得像闹市一样拥挤。

但是，严刑酷法并没有给社会带来长治久安，反而激起民众的反叛，逼使民众铤而走险。同时，由于这段酷政时期相对短暂，对于游侠没有造成致命的打击，他们大多能够隐逸民间生存下来，如秦皇出游时在博浪沙（今河南原阳东郊）行刺未遂的张良等人，后来都成为推翻秦朝统治的重要分子。与统治者的期望相反，秦所实行的严刑苛法，使得皇帝之下所有人都处于动辄得咎的恐怖状态中，各个阶层、各色人等都难以求得安全保证，"令民相伍，有罪相伺，有刑相举，使构造怨仇，而民相残"，使百姓相互株连，相互监视，相互检举，造成人与人之间的隔膜与仇恨。因此，推翻秦朝的统治成为各阶层的人寻求生存的必由路径。"自群卿以下至于众庶，人怀自危之心，亲处穷苦之实，咸不安其位，故易动也。"（贾谊《过秦论》）而战乱一旦来临，人间怨怒顷刻爆发，所有人都有充分的理由和累积的仇恨成为战乱的一员，"王楚之地，方二千里，莫不相应，家自为怒，人自为斗，各报其怨而攻其仇"（《史记·张耳陈馀列传》）。以致在汉朝统治建立后，统治者对于民间长久养成的剽悍之风"虽欲治之，无可奈何"（董仲舒《对策》）。

秦末的战乱给社会经济造成了极大破坏，迫使汉初的统治者只有采取休养生息、无为而治的宽缓政策来发展经济，并利用民间矛盾，使民间势力相互牵制，相互削弱，达到一种平衡。在这种社会环境里，专门在不够严密、不够完善的法律边缘求公道的游侠得以继续存在和发展。不能不说的是，游侠在推翻秦朝暴政中发挥了巨大的作用，汉政权的创建者中相当一部分人有着任侠的背景，或是欣赏游侠的精神。其中，汉高祖刘邦自少年时就仰慕魏公子信陵君，曾到信陵君从前的门客张耳门下，做过张耳的宾客。（《史记·张耳陈馀列传》）刘邦做了皇帝后，每次经过魏国的国都大梁，都要去祭拜信陵君，还给信陵君的墓地安排了五户守墓人，常年祭祀信陵君。刘邦为人也能够礼贤下士，豁达豪放，不拘小节，在他做皇帝时，对当时的一些游侠极为宽厚。统治者对游侠宽容的态度也助长了汉初游侠的气焰。

另一方面，游侠在汉初回光返照般炽盛一时的社会基础还源于高祖大封刘姓诸王的政策。汉高祖刘邦在取得皇权后，为卫护国家政权，大肆分封同姓诸侯，那些被裂土分封的刘氏子弟或出于政治野心驱使，或出于骄奢淫逸的需要，纷纷模仿战国贵族公卿，大肆豢养宾客。重新兴盛的养士之风给了游侠以新的滋生的土壤。当时，吴王刘濞（刘邦侄）、淮南王刘安（刘邦孙）、衡山王刘赐（刘安弟）、梁王刘武（汉景帝弟），都以养客闻名。"吴濞、淮南皆招宾客以千数。"（《汉书·游侠传》）刘安为了更多地招徕宾客，对属国内养女子的人家给以奖励，并让她们专待游士而嫁；刘武专门营建了供宾客居住的宫室苑囿梁园，条件优厚到使得一些名士放弃皇宫的官职归附于他；一些王公贵戚如魏其侯窦婴、武安侯田蚡（fén）也都豢养众多门客，并且相互攀比、竞争。在民间，一些家境殷实或是名气显赫的布衣游侠剧孟、郭解、朱家等也纷纷纠集宾客，有的达数十、百人之多。

但是，汉初王侯贵戚以及豪强富户所豢养的宾客已与先秦时期的宾客有很大差别，他们中既有游侠，又有相当数量的文人墨客、江湖术士。即便是其中的侠士，其使命也由先秦宾客的以救国图存的政治性谋划为主，变成主要替主人打打杀杀，解决一些私人恩怨。和春秋战国时期的游侠相比，汉代的游侠不可能有太多的流动和选择主人的机会，他们大多集结在一起，并由一名实力较强的侠者统领，形成一定的势力，不容小觑的是，此时的游侠势力在当时的社会上依然能够产生深刻的影响。他们甚至各自划分出势力范围，许多游侠都以所居地得到绰号，如：长安樊中子、槐里赵王孙、长陵高公子、西河郭翁中、太原鲁翁孺、临淮倪长卿、东阳陈君孺等等。(《汉书·游侠传》)这一时期的著名游侠有田横、贯高、田叔、朱家、郭解、灌夫、汲黯、郑当时、朱云、楼护、陈遵、郅恽（Zhì yùn）等人。他们共同的社会形象特征极为明显，主要体现为以下几个方面。

1. 聚集豪杰，结党连群

在先秦，养士是贵族公卿的特权，而且所养之士中，文士占很大的比例。迨至汉代，宾客中的很大比例已为游侠占据，且多是一位实力较大的游侠总领一个较为固定的游侠群体。从王侯贵戚的代表陈豨（xī）、刘濞、刘安、魏其侯、武安侯，到布衣豪强的剧孟、郭解，豪侠遍布社会各个阶层，各自形成超出其原初身份的权势。这就是史书中所说的："及至汉兴，禁网疏阔，未之匡改也。是故代相陈豨从车千乘，而吴濞、淮南皆招宾客以千数。外戚大臣魏其、武安之属竞逐于京师，布衣游侠剧孟、郭解之徒驰骛于闾阎①，权行州域，力折公侯。"即便后来，由于最高统治者的憎恶和压制，养士之风稍稍减弱，但直至汉末，仍然有游侠领袖人物的存在。"自魏其、武安、淮南之后，天子切齿，卫、霍改节。然郡国豪杰处处各有，京师亲戚冠盖相望，亦古今常道，莫足言者。唯成帝时，外家王氏宾客为盛，而楼护为帅。及王莽时，诸公之间陈遵为雄，闾里之侠原涉为魁。"（《汉书·游侠传》）前述提到的陈豨、吴濞、刘安、魏其侯、武安侯，以及剧孟、郭解、楼护、陈遵、原涉等人都是此类游侠的领袖式人物。汉武帝时的将军灌夫，史书上说他"不喜文学，好任侠"，他的手下常有数十百名宾客。这些人，倚仗灌夫的权势，占据良田池泽，在灌夫的家乡颍川（今河南禹县）一带形成巨大势力。游侠郭解身边也有一个游侠群体，主要由被郭解藏匿的罪人、收容的游侠、郭解的亲戚以及羡慕他的侠行的一些年轻人和地方豪杰组成。其他如长安城西的万章（万子夏），身边也有不少宾客；楼护能够左右贵戚王氏五侯兄弟门下的宾客；陈遵常聚众暴饮，"宾客满堂"；原涉手下"宾客多犯法，罪过数上闻"。这些都表明其时游侠已成为相对较为固定的、有一定区域性的群体，并自成势力。

东汉史学家荀悦在《前汉纪》中对游侠进行概括时，提出："立气势，作威福，结私交以立强于世者，谓之游侠。"也就是说，游侠凭借聚集豪杰、结党连群形成一方势力，建立个人权威，为遵从和推崇他的民众谋求利益，并通过这种

---

① 闾阎：里巷的门，借指平民居住的里巷。

方式成为声名远扬的"法外之王"。他还指出了游侠悖于正统社会理念和行为规范的具体表现，说他们"饰华废实，竞趋时利，简父兄之尊，而崇宾客之礼，薄骨肉之恩，而笃朋友之爱，忘修身之道，而求众人之誉，割衣食之业，以供飨宴之好，苞苴盈于门庭，聘问交于道路，书记繁于公文，私务众于官事，于是流俗成矣，而正道坏矣"。批评游侠只顾追求虚名、追逐眼前利益而荒废实务；弱化对父兄的尊重却重视宾客之间的礼仪；淡化骨肉至亲的恩情却看重朋友间的友爱；忘却修养自身却盲求他人的赞誉；舍出家财供宾客宴饮；门庭装满了馈赠而来的礼物，路上询问和求见的人络绎不绝；私人往来多于公务，私人事务多于公事。指责游侠造成恶劣的社会风气，破坏了正统道义和理念。

东汉末年"四世三公"的袁绍、袁术也都"好游侠"，有侠风；东汉河内太守王匡"轻财好施，以任侠闻"；陈留太守张邈以侠气闻名天下，他振穷救急，舍弃家财，放弃私欲，以此招揽了众多士人。另外，"布衣之侠"也不在少数。东汉末期，许多出身下层的名人也喜欢交游，与侠客往来，如刘备（家庭贫困，与母贩履织席为业）、甘宁（出身小吏）、姜维（出身小吏）等等，他们都是由于具有仗义任侠的品性特质而吸引到更多的仗义勇武之人，一旦起事，便能够从者如流；至于一些家中富有的少年，倾心游侠、竭力模仿游侠言行的更是数不胜数。

2. 廉洁退让，周穷济贫

两汉游侠与先秦游侠的最大差别在于他们已丧失了先秦

游侠救亡图存时代的社会环境，他们已没有机会去救助弱小国家免受强国的侵略，没有机会靠刺杀一个国君从而帮助弱小国家得以生存。这使得他们的社会形象远远不如先秦游侠那般正气凛然、光彩夺目，社会作用也大为逊色，他们只有靠修行砥名实践自己的侠行。其中，努力做到廉洁退让、周穷济贫，是这一时期游侠闻名于世的必备德行。

汉初鲁地的游侠朱家便是一个趋人之急、厚施薄望的典范。鲁人大都受儒家教育成长起来，因此多有儒士之风。但是朱家却以任侠而闻名。时人说他"专趋人之急，甚于己私"，比之关心一己私利，他更乐于急人之所急。受过朱家救助、隐藏的豪侠人士数以百计，他还救助过许多无辜百姓。越是穷困无助之人，他越慷慨帮助。季布曾是项羽手下一员大将，多次使刘邦受到困辱。刘邦深恨季布，打败项羽后，悬赏千金缉捕季布。季布的友人知道朱家是个专门替人排忧解难的侠士，就把季布伪装成家奴的样子，"卖"给朱家，实际上是希望得到朱家的保护。朱家虽然认出季布，还是将他留在家中，并嘱咐家人善待季布。他又四处活动令汉臣夏侯婴说服刘邦收回成命，赦免了季布。季布后来做了河东（今黄河以东的山西西南一带）太守，朱家却再也不肯与季布相见。朱家的家产使他得以藏匿无数豪杰，但他自己生活异常简朴。他的名字远扬天下，"自关以东，莫不延颈愿交"，即人们都以结识他为荣。

振穷救急是侠者本色，也是两汉豪侠得以标节立名的美德。大侠楼护常年赡养两位孤老——吕公、吕姬。他解职回家后，他的妻子开始厌恶年迈的吕公，楼护就流着泪责备他的妻子说："吕公是我的旧交，因为年老穷困，所以才托身于我，从道义上讲我也该奉养他。"就这样，楼护一直将吕公送终。另一位侠客原涉也"专以振施贫穷、赴人之急为务"，专门赈济贫穷之人，救助急难之人。有一次，有人宴请原涉，席间，来宾中有人讲到原涉一位故交的母亲病重在家，原涉当即前去探望。敲门时，正听到里面哭成一团，那人母亲刚刚故去。原涉进门吊唁，并询问丧事如何办理。那家非常贫穷，一无所有。原涉说："你们只管扫除沐浴，等我回来。"他回到宴席上，对宾客叹息道："别人的亲人躺在地上，无法收殓，我哪有心情饮宴，请撤去酒食吧。"宾客急忙问应当怎么做，原涉当即开出单据，吩咐宾客们前去采购治丧之物。到太阳偏西时，宾客们都采买归来，原涉亲自审视完毕，这才让主人重新开宴。随后，他不等自己吃饱，就载上棺物，带领宾客前往丧家，帮助料理丧事去了。楼护和原涉凭借急人之难和热心助人赢得了众多宾客的追随，成为权倾一时的豪侠。

3. 背弃公权，谋取私威

即便不能像先秦游侠那样获得左右政局的机会，汉代的游侠凭借交游的广泛以及结党联群形成的声势，也经常能够行他人所不能行、不敢行的事，时常替人排忧解难，以此赢得声誉，并在一定范围内形成特定的势力，取得了与其身份不相称的政治地位和权力。下能不忌法律而杀人，上能说动公卿王侯，甚至能称霸一方，对现政权产生一定的威胁。前所提到的几位游侠的领袖人物，都靠聚集侠客而获得超出其原本社会地位的权势。

例如，游侠郭解虽为平民，但势力强横。他每次外出或归来，人们都自行避让他，一次，有一个人傲慢地坐在地上看着他。门客中有人要杀那个人，郭解说："居住在乡里之中，竟至于不被人尊敬，这是我自己道德修养得还不够，他有什么罪过。"于是他就暗中嘱托尉史说："这个人是我最关心的，轮到他服役时，请加以免除。"以后每到服役时，有好多次，县中官吏都没找这位对郭解不礼貌的人。此人感到奇怪，问其中的原因，这才得知是郭解使人免除了他的差役。于是，这个冒犯了郭解的人就脱去上衣，裸露肢体去向郭解请罪。少年们听到这件事，越发仰慕郭解。郭解为了标榜自己的道德修养，竟能够要求乡里的官吏免除某个得罪他的乡民的徭役，可见他的势力之大；郭解身边的侠客动辄杀人，为他铲除异己，保护他的利益。汉武帝时，为了打击地方豪强势力，决定迁移一批地方豪绅前往茂陵（今陕西兴平东北），郭解不得已被迁，他的好友出钱一千余万资助郭解，被轵（Zhǐ）地（今河南济源东南）的县掾①（yuàn）拦阻下来，郭解的外甥就杀了县掾。郭解的手下又杀了县掾的父亲。县掾家派去申诉的人也被杀于宫门外。汉武帝得知此事后，非常气愤，下令缉捕郭解。郭解被捕后，有人在执法官面前说郭解的坏话，也被郭解的门客杀死。由此可见，郭解及其身边的游侠们根本无视法令的存在，而是自成势力，为所欲为。郭解年少时就为人冷酷残忍，稍不快意便大开杀戒，"以躯借友报仇，藏命作奸剽攻，休乃铸钱掘冢，不可胜数"《汉

---

① 县掾：一县的副长官。

书·游侠传》，做尽违法之事。年长后为了得到众人的拥戴，尽可能表现得宽宏大度。但是，他性格中残忍的一面时常暴露出来，动辄杀人。即便是他免除别人的徭役一事，也让人对于他轻易左右他人命运的能量不寒而栗，他的影响力甚至令雄才大略的汉武帝感到威胁和切齿。因而，游侠郭解不仅难以让人敬爱，反而让人感到畏惧和厌恶。郭解被列入迁徙名单时，当时最有权势的外戚、大将军卫青曾出面向汉武帝求情说："郭解家贫，不符合迁徙标准。"汉武帝说："郭解一介布衣，权势竟能让一位将军替他求情，这说明他家并不贫穷。"还是把郭解迁徙了。卫青是一个非常谨慎的人，他为了减少武帝对他的猜忌，不养士，不荐士。有个叫苏建的曾劝他仿效古代名将招贤纳士，卫青却推辞道："魏其侯、武安侯大养宾客，让皇帝常常痛恨不已。那些招纳贤士、排挤奸臣的事，最后都会成为皇帝手中的把柄。一个臣子遵职守法就可以了，何必招纳贤士！"这样一个人竟肯出面替郭解向皇帝求情，可见其与郭解交情之深，也表明游侠势力之盛。

王莽时的游侠原涉，行为类似郭解。他手下的宾客常常触犯法律，许多罪行都传到了皇帝的耳朵里。史书中说原涉"外温仁谦逊，而内隐好杀。睚眦于尘中，触死者甚多"。他一个朋友祁太伯的同母异父兄弟王游公得罪了他，他就派长子原初带领门下宾客分乘二十辆车洗劫了王游公家。王游公的母亲也是祁太伯的母亲，宾客们见到她都俯首跪拜，并转告原涉的话说："不得惊动祁夫人。"于是杀死了王游公和他的生父，割下二人的头后离去。当着朋友母亲的面，一面杀死她的丈夫和儿子，还一面向她表示敬意，这是多么残忍冷酷的画面。同样，获得高出其身份的权势的还有游侠万章。万章做京兆尹[①]门下的侍吏时，随从京兆尹上殿，殿上的王公贵戚都争着向他行礼，反而将京兆尹撇在了一边。

两汉游侠获得的这种权势使得他们视践踏法律如儿戏，他们中有些人利用自己的权势广占良田，横行乡里，甚至以武力与地方政权相抗衡。另有京城子弟以游侠自居，大行借交报仇之道，为了助人报仇无视当时的社会律令，极大威胁和破坏了社会现存秩序。据《前汉纪》卷二六记载，当时"长安中群辈杀吏，受命报仇。相与探丸为号。赤丸杀武吏，黑丸杀文吏，白丸主治丧。城中暮烟起，剽劫行者，死伤扑道"。也就是说，这些游侠形成一些团体，接受刺杀官吏的委托。每逢需要杀人时，他们采用抓取红黑白弹丸的方式来分工决定，抽到红丸的刺杀武官，抽到黑丸的刺杀文吏，而抽到白丸的人负责帮助在这些刺杀过程中殒命的人办理丧事。他们不只无视法规，也无视自己的生命，对他人的性命更是视同儿戏。一到夜晚，他们就开始杀戮和劫掠官道上的行者，以至于官道上死伤的人随处可见。这种情形甚至持续了相当一段时间，使得京城长安充满恐怖氛围，社会治安被严重破坏，直到皇帝派出酷吏严惩才得以遏制。

4. 睚眦必报，崇尚名节

汉代的游侠，也和先秦的游侠一样，十分看重名誉。要想在社会上得到承认，并获取一定的地位和权势，必然要标节

---

① 京兆尹：汉代三位辅政大臣之一。

立名。克己待人，然诺不欺，廉洁退让，周穷济贫，都是他们得以立身扬名的"美德懿行"。到了东汉，一个人的名声响亮与否更成了朝廷擢用人才、荐举徵辟的关键。当时，行侠仗义不仅能够帮助一个人树立起声望，还能得到官府在一定程度上的认可，或被举荐为官，或显名一时。这更加助长了任侠的风气，促使一些人以任侠相标榜，甚至为了成名，睚眦必报，做出一些极端的行为。清代赵翼评论当时史事时说："其时轻生尚气已成习俗。故志节之士，好为苟难，务欲绝出流辈，以成卓特之行。"（《廿二史札记》卷五，"东汉尚名节"条）这段话的意思是说，在当时，为重气节而不惜生命已形成风气。一些看重名节的人士，就专门寻找机会，去做一些奇侠之举，借此使他们自己从众人中脱颖而出，得以成名。

这一时期因此而成名的人有许多，如：东汉初年，游侠郅恽的朋友董子张之父为人所杀，子张病逝前，郅恽前去探望，子张朝着郅恽唏嘘不已，只是说不出话来。郅恽明白了他的心意，对他说："你是父仇未报，不能瞑目啊。"于是带领门客杀了董父仇人，将头提回给子张验示，子张这才气绝而亡，郅恽随即前往县衙自首。游侠何容的朋友虞纬高，也因父仇未报，病死前向何容哭诉，何容便出面替他报了仇，将仇人的头祭了虞父之墓。苏谦被司隶校尉①李暠（gǎo）陷害，死在狱中。苏谦之子苏不韦带领门客掘地道至李暠寝室，正赶上李暠上厕所，于是便杀了李暠妻妾和儿子，并掘开了李暠父亲的墓，用其父的头来祭自己的父亲。一些府衙下属为了报答上司

---

① 司隶校尉：监督京师和地方的监察官。

对自己的知遇之恩，也舍生忘死，周旋于死生患难之间。太守李固因罪被戮，弟子郭亮冒死上书，请求为李固收尸；杜齐受戮后，手下掾吏 ① 杨匡守护其尸不肯离开。郭亮、杨匡皆由此显名。卫（治所在今河南淇县）相第五种因弹劾宦官单超的侄子单匡，获罪迁徙朔方（今内蒙古杭锦旗北）。由于朔方太守董援是单超外孙，第五种此去必定凶多吉少。掾史孙斌为了报答第五种对自己的知遇之恩，同其他好友一同星夜追赶被押往朔方的第五种，冒死杀掉押送的官吏，救出了第五种。众人一起逃匿数年之后，遇赦得以回乡。

东汉伏波将军马援给自己的侄子马严、马敦的信中，曾就如何做人教育他们说："龙伯高敦厚周慎，口无择言，谦约节俭，廉公有威，吾爱之重之，愿汝曹效之。杜季良豪侠好义，忧人之忧，乐人之乐，清浊无所失，父丧致客，数郡毕至，吾爱之重之，不愿汝曹效也。"（马援《诫兄子严敦书》）对于杜季良这种真正的游侠，马援像对待醇儒一样爱重却不愿儿辈学习。其原因是，如果学龙伯高这种谨慎敦厚的人不成，尚能做个老实人，不会出格越轨；如果学游侠不到位，就成为一个无所不为的浪荡子了。由此可见一般人对于游侠的看法。

从汉代游侠的社会形象可以看到，这一时期的游侠已较先秦的游侠有所不同。先秦的游侠由于刚从士人中分化出来，故而还带有较为明显的贵族倾向。他们有较强的政治倾向，关心国家的政局。由于史书中没有对于他们的专门记载，我们能够从史料中得到的他们的情况大多与政治事件有关，难

---

① 掾吏：副官。

以更全面地描述他们的形象。汉代，游侠已进入自觉阶段，许多人以任侠自诩。更由于有了司马迁与班固的专门记载，游侠形象得以充分地展现。这些游侠，多为布衣之侠，即平民出身的游侠。他们的任侠有其一贯性，在他们身上，侠义精神体现得较为全面。

但是，我们也能看到，由于社会环境的变化，游侠的形象和内涵也有所改变。尤其在东汉，游侠中的一些人热衷于结党连群，交通权贵，营建自己的势力范围。有些人甚至向豪强转化，侵占良田，欺压百姓，妄杀无辜，用他们扶弱抑强赢得的侠义声望树立起自己的威势，转而去做违背侠义精神的勾当。两汉游侠在社会行为以及操行修养等方面的变化给他们自身的存在和发展投下了阴影。首先，结党连群，交通权贵，甚至怀有较大的政治野心，直接对当政的统治者产生了威胁，因而引来统治者一次重于一次的严惩，而游侠对地方治安的扰乱也不能不成为地方上必须着意应付的问题。再者，随着游侠侵占良田、欺压百姓、妄杀无辜行为的加剧，他们日益丧失了民众的根基。这样，在统治者严酷的打击下，游侠开始走向没落。在以后的封建朝代里，他们随着朝代变迁或浮或沉。战乱时期则升浮活跃，安定时期则蹙迹潜踪。另外，职业游侠即以游侠为生的人日渐消失，"游侠"渐渐成为对有共同品行和精神特质的、仗义任侠的一类人的称谓。《汉书》之后的史书中已不为游侠设传，这从一方面证实了游侠没落的开始。但史书中不为游侠设传也有另外的原因，即自《汉书》后，史书大多由官方组织编订，官修史书自然不会为与正统观念和现实法令格格不入的游侠树碑立传。因此，史书无传并不表明游侠就此绝迹。只是，随着封建大一统国家的日益巩固，封建法网的日趋严密，游侠的没落是历史的必然。

（二）魏晋南北朝游侠

在汉末群雄逐鹿的特定情况下，游侠又一次表现出矛盾的双重性：一方面，他们重然诺，不顾生死而又本领高强，是一支能够左右某方割据力量存亡的重大势力，如为曹魏政权立下汗马功劳的臧霸、夏侯惇、典韦都是暴豪之侠（《三国志·魏书·臧霸传》、《三国志·魏书·夏侯惇传》、《三国志·魏书·典韦传》）。史书记载，曹魏名将臧霸十八岁时，就带领门客几十人从百余官兵手里劫夺下受冤屈被押囚的父亲，并与父亲一同逃亡。自此，臧霸以孝义远近闻名，得到很多追随者。曹魏叛将徐翕、毛晖兵败逃奔臧霸，曹操命刘备起行往见臧霸，并命臧霸奉上二人首级。臧霸便向刘备说："以前我之所以能自立一方，是因为我绝不会做这种不义之事。我受曹公的存命之恩，不敢违其命令。不过有意于王霸之道的君主应该以义相告，不宜威迫，愿将军为我辞却这个命令。"刘备便以臧霸所言告诉曹操，曹操认为臧霸尊奉了古人的侠义之德，值得推崇，于是不仅赦免了徐、毛二人，还任命他们做了郡守。曹操手下另一位大将夏侯惇是夏侯婴之后，十四岁时从师学武，他的老师被人辱骂，夏侯惇就杀了那个人而逃亡在外，也因此名声大噪。曹操起兵时，他和族弟夏侯渊各自聚集了千余人响应曹操。

另一方面，游侠也是权威的破坏者。尤其是在三国鼎立态势形成，皇权在一定范围内已经得以确立的情况下，这些在政权建立过程中被倚重的势力，也会成为政权稳固时的问题要素。所以，如何给游侠找一条出路，发挥他们的长处，限制其危害性，就成了这一时期统治者和统治阶层一个亟待解决的时代课题。

总之，这一时期由于战乱频仍，军事集团割据，社会动荡，游侠得到了发展史上的喘息期，社会对游侠势力有了需求，他们重新成为社会上耀眼的存在。他们可以建立军功，成为开国功臣，并由此融入常态社会。由此，游侠也开启了他们的没落之路。映射在这段历史中的游侠形象主要有着如下的特征。

1. 捐躯报国，扬威沙场

魏晋南北朝时期，社会重新陷入大动荡、大战乱之中，游侠又有了新的用武之地。曹植的《白马篇》刻画出当时游侠的典型形象。这位少小离家、献身国家的游侠，武艺高强，胸怀大志，以捐躯赴国难为行侠的宗旨，希望在保家卫国的战场上立功扬名。这类游侠有报国志向，渴望建功立业，故而极易为崛起期的统治集团所容纳和倚重，他们桀骜不驯的一面为杀敌立功的大节所掩盖，许多人还可能因为军功而成为统治阶级的一员。这既是游侠的一种演变形式，却也成为游侠走向没落的一个鲜明标志，当游侠自然融入社会阶层中之后，游侠阶层便消失了。魏晋南北朝诗歌里，以《白马篇》为题的诗歌现存九篇，为游侠少年勾勒了符合统治者期待的忠君报国的出路。如南朝宋袁淑诗云："飘节去函谷，投珮出甘泉。嗟此务远图，心为四海悬。"（《全宋诗》）南朝宋鲍照诗云："埋身守汉境，沈命对胡封。"（《鲍参军集注》）南齐孔稚圭诗云："汉家嫖姚将，驰突匈奴庭。少年斗猛气，怒发为君征。"（《全齐诗》卷二）南朝梁徐悱诗云："闻有边烽息，飞候至长安。然诺窃自许，捐躯谅不难。"（《全梁诗》卷十二）隋炀帝诗："宛河推勇气，陇蜀擅威强。轮台受降虏，高阙翦名王。"（《全隋诗》卷三）等等，无一不是回应着当时大环境下整个社会对游侠的期许。统治者及他们的父辈对于游侠共同的期待就是胸怀大志、心系家国、出征边塞、扬威沙场、捐躯报国、死不旋踵。而这种期待助力打造了这一时期游侠的形象。

2. 轻财重义，成就功名

这一时期，由于不断改朝换代，还出现一类较为特殊的游侠。这些人大多在青少年时期好急人之难，放荡不羁，广交朋友，并有着远大的政治抱负。他们以行侠扬名，聚集宾客，扩展势力，借以实现其政治抱负。这类游侠与上升期的军事政治集团遇合，使有些人成长为开国名将、王侯甚至一国之君。

魏国名将典韦是陈留（今河南开封市东南）人。他身材魁梧，膂力过人，好行侠仗义。典韦的友人刘氏与睢（suī）阳（今河南商丘）人李礼结仇，典韦为替刘氏报仇，装成登门拜访的样子，身藏匕首闯入李家，杀了李礼夫妻二人。而后手持刀戟步出李家。李家靠近闹市，市场中人都追逐他，

却没人敢于真正靠近他。典韦由此名扬一时，受人仰慕，后来靠侠勇成为一位名将。(《三国志·魏书·典韦传》)

三国时名人徐庶，原名符福，字元直，好任侠击剑。一次他替友人报仇未遂，被官吏抓到，官吏拷问他，他闭口不言。由此名声大振。他与诸葛亮友善，将其推荐给刘备。又因母居曹操处，转投曹操，成为魏国开国功臣。(鱼豢《魏略》)

三国时吴将甘宁，字兴霸，史书上说他"少有气力，好游侠"(《三国志·吴志·甘宁传》)。他平日里聚集许多少年游侠，成群结队，形成一定势力。这些少年手持弓弩，戴着羽毛饰物，来往时一路响着铃声，人们听到铃声，便知甘宁一行到了。后来，甘宁成为吴主孙权手下将领，屡立战功，时称江表虎臣，官至折冲将军①。

三国时吴国名将鲁肃也曾是游侠少年的首领。他投靠周瑜时除了带着全家老少，还纠集了近百名少年游侠。即所谓"携老弱将轻侠少年百余人到居就瑜"(《三国志·吴志·鲁肃传》)，后来成为吴国的重要辅臣。

其他如袁绍、曹操也都是一些好为侠行之人，史书称曹操"少机警，有权数，而任侠放荡，不治行业"(《三国志·魏书·武帝纪》)。魏将许褚在拜侯封将前，也是一名剑客首领(《三国志·魏书·许褚传》)。据《后汉书》中记载，许褚身长八尺余，腰大十围，容貌雄毅，勇力绝人。他年轻时在家乡聚集了数千户人家，共同抵御贼寇。曾有一次因缺粮与贼寇用牛交换粮食，牛到了对方手中后又跑了回来，结

---

① 折冲将军：禁卫军统领。

果许褚单手倒拖牛尾走了百步，贼寇大惧，不敢要牛就惊慌逃走了。从此淮、汝、陈、梁之地，听到许褚之名都感到畏惧。东晋著名的北伐将领祖逖，生性"轻财好侠，慷慨有节尚"，在西晋末年的战乱中，他率领族人及其宾客义徒避难于江南。这些人每遇饥荒，便"攻剽富室"，祖逖常把其中被官吏捕获的解救出来。后来，他就是率领这些义勇之士渡江作战，使"黄河以南尽为晋土"，中原得以光复。(《晋书·祖逖传》)《晋书·冯跋传》说北燕文成帝冯跋"三弟皆任侠"，冯跋之弟冯李年少时更是不事产业，任侠好交，当时不少侠士都归附于他，后来助冯跋开创了基业。北齐开国功臣薛修文、李愍（mǐn）都轻财重气，以任侠自重，将当时有急难而投奔来的侠士豪杰都召容门下，作为自己的政治资本。东魏将领李显甫、李元忠父子也以豪侠知名。据《北史·李灵传》记载，李灵的后代李显甫"豪侠知名"，在殷州西山聚集了数千家李姓。李显甫之子李元忠孝义任侠，因为母亲多病，他刻苦学习医术，对前来求治的人，无论贵贱，他都尽心医治，因此颇有侠名。

其他在史书中留下侠名的名臣大将还有许多。如《北史·刘仁库传》中记刘仁库"少豪侠"，《北史·卢叔彪传》说卢叔彪"豪率轻侠"，《北齐书·薛循义传》载薛循义"少而好侠，轻财重义"，《周书·韦祐传》说韦祐"少好游侠"等等。"少好游侠"的刘宋将领孟龙符是大将孟怀玉之弟，史书中说他"骁果有胆气，干力绝人"，在临朐大战中"单骑冲突，应手破散"，后"乘胜奔逐，后骑不及，贼数千骑围绕攻之"，他仍"奋槊接战，每一合辄杀数人"，最终因众寡不敌而阵亡。(《宋书·孟怀玉传》)北魏崔秉跟随彭城王征寿春，"招致壮侠，以为部卒。鼬目之，谓左右曰：'吾当寄胆气于此人。'"(《魏书·崔秉传》)

以上这些记载都显示了游侠对建立和稳固专制统治曾经起到的作用。这些人往往以游侠起家，利用侠名聚集武力，发展成为朝廷倚重的贤臣良将。

3. 豪荡倜傥，行游天涯

南朝陈后主君臣曾以一位游侠刘生为题创作了一组同题诗。在传世文献中，《乐府诗集》提供了刘生的身份信息："齐梁以来为《刘生》辞者，皆称其任侠豪放，周游五陵三秦之地。或云抱剑专征，为符节官，所未详也。"由此可知刘生曾为游侠，后来有作为将领出征的经历，这跟曹植《白马篇》的主人公身份非常接近。而诗歌中的刘生作为侠的形象比《白马篇》的主人公更为突出，其中最突出的特征即是他的豪荡倜傥。徐陵诗云："刘生殊倜傥，任侠遍京华。"江总诗云："干戈倜傥用，笔砚纵横才。"江晖诗云："刘生代豪荡，标举独荣华。"从这些诗的叙述中还可看到，虽然刘生曾经为报效朝廷而英勇作战，但仕途却十分不顺，被"摈压"排挤，沉沦驿馆多年。也就是徐陵诗中所说的："高才被摈压，自古共怜嗟。"而另一位诗人江总也说刘生曾经陷入"置驿无年限"的境遇，在郁郁不得志中度过余生。

魏晋南北朝时期出现了大量以《结客少年场行》为题的游侠诗。如鲍照诗中的少年游侠尽是些"失意杯酒间，白刃起相仇"的轻率鲁莽之徒，往往成群结伙游荡宴饮，稍不如意便拔剑相对，杀戮成性，缺乏正义感，杀人后被迫亡命天涯，正所谓"追兵一旦至，负剑远行游"（鲍照诗）。显然，这些人轻率放纵，缺乏责任感和社会担当，已经背离了真正的侠义精神。

（三）隋唐游侠

隋朝的建立，使中国又一次结束了分裂割据局面，恢复了大一统的王朝政治。隋文帝时期，社会得到了暂时的安定，经济也得到了发展。紧接着，隋炀帝杨广重兴奢侈糜烂之风，大兴土木，大动干戈，天怨人怒，社会重新陷入战乱。各地义军迭起，其中许多义军首领都是当时著名的游侠。游侠在唐朝的建立和早期的巩固中发挥了积极的作用，这是由于古代的军事集团初期主要靠游侠所尊崇和奉行的侠义精神号召和聚集民众，最后形成军事势力。在取得政权后的相当一段时期也要依靠这样的军事力量去扫清敌对势力，保得疆域平安。唐朝能够成为历史上政治经济文化最为发达的时代，与隋唐之际尚武精神所造就的文治武功密不可分。而这种尚武精神与当时游侠之风的兴盛关系巨大。尚武和尚侠不仅使得隋唐成为中国历史上对外武功炽盛的时代，给帝国内的疆域带来了和平，同时，也给唐代的对外交往带来了开放、包容的气度和心态，这越发促进了唐代政治、经济、军事和文化的发展，也给游侠和游侠文化的兴盛以较为丰沃的土壤，使得游侠和游侠文化进入了又一个相对兴盛的时期。但这种兴盛也标志着游侠衰落时代即将到来。这是由于，每当国家进入了长治久安的兴盛阶段，游侠行为和游侠文化对于法律秩序的破坏性又会凸显，游侠无视权威律令的言行重新成为统治阶层首当其冲的痛恨和惩治对象。游侠或者收敛言行，泯于常人，或者为律法惩治，销声匿迹，游侠群体的衰落渐成大势所趋。

1. 集聚豪侠，形成势力

隋末有个叫刘霸道的人，史书上说他"喜游侠，食客常数百人"（《资治通鉴·隋纪五》)，在当时颇有名气。战乱一起，许多游侠豪杰便去归附他，聚众十余万人，号称"阿舅军"，成为一股义军的首领。

隋末义军首领窦建德平素"重然许，喜侠节"（《新唐书·窦建德列传》)。一次，他在耕地时听到有人无钱葬亲，当即解下耕牛换钱周济。另一次，群盗夜劫其家，窦建德立于窗后，连杀三名闯进来的强盗，其余的强盗不敢再进，乞还同伙尸首。窦建德让他们投绳系取。强盗投绳入室，窦建德把自己系在绳上，等被强盗拽出后，提刀又杀数人，由此声名远播。窦建德父亲病故时，送葬者达千人之多。

大唐名将李勣（jì）(徐世勣)，起义前也是一位行侠仗义的侠士，时常接济贫寒百姓。即便做了将军，他仍旧侠性未改。李密叛唐被诛，身为李密旧将的李勣不避嫌疑，号啕大哭，上表请求为李密收葬，并命手下将士为李密服孝。

2. 夸豪斗富，为患乡里

唐代初期，经济发展，文化繁荣，思想领域较为开放、自由。任侠成为上层社会人士奢靡生活的调味品，成为标榜、炫耀贵族气派的方式。故而，初唐时"游侠"成为一些贵族子弟的代名词。这些游侠少年的形象在当时诗人的诗歌以及一些史籍中多有所见："青云少年子，挟弹章台左。鞍马四边开，突如流星过。金丸落飞鸟，夜入琼楼卧。"（李白《少年子》）"君不见，淮南少年游侠客，白日球猎夜拥掷？呼卢百万终不惜，报仇千里如咫尺。"（李白《少年行》）"邯郸城南游侠子，自矜生长邯郸里。千场纵博家仍富，几度报仇身不死。"（高适《邯郸少年行》）这些诗中描绘的游侠少年多系贵族子弟或贵族子弟出身的京师宿卫军人。他们聚结成群，夸豪斗富，纸醉金迷，因为无所事事而游手好闲，反而把这当成侠者的豪迈洒脱。

唐代诗人韦应物就是这一类"游侠"的典型。韦应物少年时正逢盛唐，当时，皇室为有军功的贵族世家子弟专门设置了一些闲散官职。韦应物十五岁就担任玄宗的近侍"三卫郎"，出入宫闱，扈从游幸。平日里便依仗皇帝的宠幸，与一些无赖少年一起，横行乡里为所欲为。他们终日无所事事，作奸藏赃，饮酒赌钱，违法乱纪，而且以其特殊身份蔑视官府，将自己置身法网之外，不受惩罚。成年后，他在《逢杨开府》一诗中对这段生活做了一些反思。其中写道："少事武皇帝，无赖恃恩私。身作里中横，家藏亡命儿。朝持樗蒲局，暮窃东邻姬。司隶不敢捕，立在白玉墀。骊山风雪夜，长杨羽猎时。一字都不识，饮酒肆顽痴。武皇升仙去，憔悴被人欺。读书事已晚，把笔学题诗。两府始收迹，南宫谬见推。非才果不容，出守抚茕嫠。忽逢杨开府，论旧涕俱垂。

坐客何由识，惟有故人知。"他在诗中描绘了自己在唐玄宗时代放浪不羁的生活，也表达出自己在回归常态社会后的不适。实际上盛唐时期这样的"游侠"只是一种形式上的游侠，成为一些纨绔少年的角色扮演，先秦两汉游侠的真精神在他们身上早已丧失殆尽。

3. 浪子回头，安邦定国

韦应物早年豪纵不羁，横行乡里，为患百姓。安史之乱后，玄宗流窜蜀地，韦应物等轻侠少年纷纷流落失职，自此，韦应物开始立志读书，他少食寡欲，常"焚香扫地而坐"，终于学有所成。代宗广德至德宗贞元间，先后担任洛阳丞、京兆府功曹参军、鄠县令、比部员外郎、滁州和江州刺史、左司郎中、苏州刺史等职，成为轻侠少年浪子回头的成功案例。韦应物贞元七年（公元 791 年）退职，以诗作留名千古，世称韦江州、韦左司或韦苏州。《吴郡图经续记》说："韦公以清德为唐人所重，天下号曰'韦苏州'。当正（贞）元时，为郡于此，人赖以安。又能宾儒士，招隐独……其贤于人。"由此可见，当他把侠义品性与为官之道相融后，从前的游侠经历和由此养成的侠义品性极大帮助了他的地方治理业绩。在王权趋于稳定的时期，统治者会提倡并引导游侠的勇力趋向为国尽忠、建功立业的途径。"孰知不向边庭苦，纵死犹闻侠骨香"（王维《少年行》），侠骨沉积在边庭之日，游侠对社会的破坏性便得以充分地消解。随着唐朝政治进入巩固期，曾经的轻侠少年们也由少年变为老成，或者融入社会，改弦更张，成为现行法规的遵奉者，维护者；或者被时政所不容，受到严惩。就这样，游侠的时代随着轻侠少年时代的结束而逐渐衰败没落。

4. 惩恶扬善，仗义行侠

真正继承了先秦游侠的真精神的，倒是活跃于民间的一部分游侠。

唐代大诗人李白写下过不少歌颂游侠的诗篇，他的诗歌中也充满了豪迈气息，侠义豪迈的性格也体现在他的日常。李白幼年即习剑术，二十多岁以后，开始了壮游。在游历过程中，他结交了许多江湖朋友，自己也曾打抱不平，搭救孤弱，惩戒恶人，仗义行侠。

据记载，李白在并州（治所在今山西太原）游历时，结识了后来唐朝中兴名将郭子仪。当时郭子仪只是一个下级军官。一次郭子仪触犯刑律，即将斩首，是李白亲截囚车，替他说情，才免于一死。李白仗义相救，只因他珍惜郭子仪的英雄气概和不凡谈吐。果然，李白眼力超群，为大唐帝国保留下一员英雄将领。

一次，李白偕友人游览洞庭，同行的蜀中友人吴指南不幸病故。李白不顾其时酷热难当，为吴指南服丧尽哀，并将他葬在洞庭湖边。过了几年，李白又不避路途艰辛，重返洞庭，取回吴指南的棺柩，扶柩返归故里，重将吴指南安葬。李白义葬友人，虽不算惊天动地的侠举，但其义气之重，感人至深。

藩镇割据时期，由于藩镇军阀之间战乱不断，社会秩序混乱，夺人财货、劫人妻女的事时常发生。中央政权没有足够的力量约束他们，更增加了他们的嚣张气焰。平民百姓生灵涂炭，无以自保。在这种情况下，扶危除暴、济贫劫富的

游侠就更为百姓所欢迎。也正因如此，反映这一时期游侠事
迹的笔记小说既多且繁。

唐许尧佐的《章台柳传》(《柳氏传》)就记载了这样一
个动人故事。唐代韩翃(hóng)和他的恋人柳氏在战乱中失
散。一日，韩翃偶然在一处叫龙首冈的地方见到一驾跟从女
奴的车辆。车中人问道："是韩员外吗？我就是柳氏啊。"柳
氏派女奴将自己被番将沙咤利所夺的经历告诉了韩翃，约他
在道政里门见面，相见后用素罗帕包了一个装着香膏的玉盒
送给韩翃，作为诀别的念物。韩翃为此大为伤感，回到韩府
后不由地长吁短叹。韩翃的举动被他的一个友人虞侯许俊看
到。许俊是一名侠客，他上前询问韩翃悲伤的原因，表示愿
意为韩翃排忧解难。韩翃不得已，将情由告诉了许俊。许俊
说："请您在此计算着时间，我立刻就把人带回来。"他换上
番人的打扮，带一骑随从，径直来到沙咤利宅前，等沙咤利
出行之后，扬鞭催马闯入沙宅，口中大喊："将军中了邪恶，
让召夫人前往。"侍卫都躲在一边，不敢仰视，许俊把韩翃信
札给柳氏看后，手挟柳氏上马，不一会儿便回到韩府，上前
言道："幸不辱命。"周围的人都对此惊叹不已，韩翃和柳氏
终得团聚。(《太平广记》卷四八五)

据说这个故事实有其事。韩翃实有其人，是唐代诗人，
"大历十才子"之一。韩柳二人的酬答诗："章台柳、章台柳，
昔日青青今在否？纵使长条似旧垂，也应攀折他人手。"流诵
至今。

与此相似的故事还有《昆仑奴传》(《太平广记》卷一九四，
斐铏《传奇》)，讲的是唐大历年间(公元766—779年)公子

崔生与一品权贵的侍妓红绡女一见钟情，却无由相会，故而闷闷不乐。崔家昆仑奴磨勒问清缘由，夜闯权贵府，杀死看门猛犬，背负崔生越过重垣叠墙，与红绡女相聚，并帮助二人逃离一品权贵家，私下结为夫妻。两年后，其事泄露，甲士包围了崔宅，磨勒从箭雨中如鹰隼般飞出，竟然无人能射中他。

唐代游侠的一个特殊现象是出现了许多智勇双全、技艺高强的女剑客。她们的事迹，将在后面详述。

（四）宋代游侠

宋代，都市发达，近代城市开始形成，市民阶层不断扩展，生活在市井中的游侠就成为这一时期主要的游侠力量。这些游侠居住在市井中，以义气为行为准则。行侠也多半是路见不平，拔刀相助，或救人于危难之中，或为己为友复仇。政治色彩相对减少。

1. 疾恶如仇，抑强扶弱

宋吴淑《江淮异人录》中一则故事即表现了那一时期生活在市井中的游侠与市井恶人相斗，救助无辜市民的情形。洪州（治所在今江西南昌）录事参军成幼文所居临街有窗。一日坐窗下，正值雨霁（jì），街上十分泥泞。一个小孩在街上卖鞋，样子十分贫穷。有个恶少路过时将小孩的鞋碰到泥里。小孩哭着索鞋，恶少不仅不给，还大声喝骂。这时，一位书生模样的人从此路过，替小孩赔了钱，恶少转骂书生多事，书生不由面带怒色。成幼文爱书生意气，召他聊天，通过聊天，对他更为倾慕，就留他住下来。夜间，成幼文与书生畅谈，中间到内房去了一会儿，出来时，却见门户皆闭，没了书生。不一会儿，书生回来说道："早上那恶少我容不下他，已砍了他的头来。"说罢，将头掷在地上。成幼文大为惊恐，生怕受到牵累，书生说不用担心，便用药水将人头化为水，而后长揖而去。

据史书记载，《江淮异人录》的作者吴淑本人就是一位高义之人。他的一位同宗在战乱中全家饿死，仅幸存两个女孩。吴淑将两个孩子收养，视为己出，一直抚养到她们出嫁。（《宋史》卷二百《文苑三》）

除了战乱和天灾，都市发达后，衍生出一批地痞无赖，这些人仗势欺人，成为市民的祸害。前述故事里书生疾恶如仇的侠义之举无疑打击了恶势力，保护了无辜的市民。这样的主题在当时笔记小说中多有所见。宋刘斧撰辑的《青琐高议》中"孙立为王氏报冤"一事，也反映了侠士与市井无赖间的斗争。

随州（在今湖北境内）人王实苦读于京都太学，忽一日收到父亲过世的凶信，其父遗书中称家中出现不可言之事，叮嘱王实为其雪耻。王实返归故里后，终日与狗屠孙立交游，待立如国士，虽受邻人讥刺仍不以为意。一日，二人于山林中饮酒至酣，王实将家中隐私告之孙立。原来其母与同里恶人张本私通，其父为此气愤身亡。王实自料非力若熊虎的张本对手，又怕告官难掩其母之丑，自尽又愧对先父嘱托，因此请求孙立相助雪耻。孙立慨然允诺。他日，孙立登张本门，将张本叫出来，呵斥道："你恃富奸淫良家妇女，禽兽不如。我如果趁你不备刺杀你，是懦夫行为，不算壮士。今天我和你角力决胜负,谁力尽心服了,就杀了谁。"张本被逼无奈,只好答应。二人从早晨到正午,手足交斗,仆而复起,直斗得面血淋漓,张本终于卧地求饶,孙立斩断其颈,破脑取心以祭王实之父。而后自己投刃至官府自首。

孙立与那位来去无踪并身怀绝技的书生游侠不同,他生活于市井中,以屠为业,靠力量与勇气为友复仇,不惜牺牲性命。这样的游侠已相当世俗化、平民化。而孙立投官府自首的行为也表明这些平民游侠亦开始受法律约束,更证明了其平民化的特征。

2. 除暴安良,杀富济贫

张乖崖,名咏,宋太宗太平兴国年间(公元 976—984 年)进士,官至枢密直学士,吏部尚书。他年轻时是一位声名卓著的游侠。一次,他的朋友、汤阴县令送给他许多钱财,他急于带回老家交给父母过冬御寒,因此,不顾路途匪盗横行,孤身上路。傍晚时在一孤店中投宿,店主见张乖崖只带一名小童,并携有许多钱财,就起了歹心,与两个儿子密谋杀人劫财。张乖崖察觉后,就躲在门后,待店主长子来推门时,先在里面顶着门,与其相持,然后突然闪身,店主长子立即摔进门来,张乖崖当即挥剑杀了他。接着,他又如法炮制,杀了店主次子,处死店主,放火烧了客店,这才上路。此事出自宋何薳(wěi)《春渚纪闻》,而张乖崖在史书中有传,可谓确有其人。当时社会盗匪横行的混乱与动荡,从这个故事中可见一斑。

北宋中后期以来,异族南下,战乱频仍,民不聊生,不少平民亡命江湖,栖身绿林,为匪为盗,绿林社会得到前所未有的发展。那些迫不得已步入绿林的平民中，有为数不少杀富济贫的侠义之士。宋代汾州（治所在今山西汾阳）义侠王寂是其中突出一例。

王寂早年明诗礼，重信义，不妄然诺。有"得千金不如寂之一诺"的口碑。后因屡试不第，落魄潦倒，乃毁笔砚，裂冠服，终日与人饮酒放歌。一日，有邑尉到乡里办理田讼，衙吏仗势欺人，凌辱王寂。王寂盛怒之下杀伤吏尉，又杀了胥保十多人。然后置剑于地，召集那些平常与他一同饮酒博戏的伙伴说："邑尉不守法纪欺辱人，不杀了他，不足以显示我的勇气。如今我已犯了不赦之罪，我要到山中苟延残喘。愿意跟随我的就同我一起盟誓，不愿意的也随便你们。"那些少年都响应他，割牲祭神，结为朋友。王寂聚集了几百人，抢劫，盗墓，烧市，侵夺富贵人家屋财。他"白昼杀人，官吏引避；视州县若无有，观诏条如等闲"（《青琐高议》前集卷四《王寂传》），成为绿林盗侠。

像王寂这样被逼上梁山的绿林侠盗，虽然为匪为盗，但主要以官府和富贵人家为打击对象，还杀富济贫，打抱不平，为平民百姓提供保护。因此，百姓对他们既有畏惧，也有敬佩。

（五）明清游侠

宋代以后，由于封建秩序逐步严密，平民中那些有游侠情性之人，在除暴安良、杀富济贫之后，往往因为触犯社会法规，为国法不容，只有浪迹江湖，在绿林社会中寻一栖身之地。施耐庵《水浒传》中一百零八名侠士齐聚水泊梁山的经历，再现了这一时期游侠流入绿林的情景。其中林冲、鲁智深、武松等，虽是宋时人物，但又是元末明初社会动荡下官逼民反的现实反映。

1. 啸聚江湖，重义轻色

明万历壬子年（公元 1612 年）举人宋懋澄所撰《九籥别集》一书中的《刘东山》即描写了绿林游侠的豪迈形象。明代嘉靖年间（公元 1522—1566 年）三辅捕快刘东山辞职还乡，他自恃箭法高超，携重金独行于绿林出没的良乡。途遇一位少年，自称是清白人家子弟，现在经商为生。刘东山见他言行温顺恭谨，同意与其结伴同行。途中，刘东山对少年十分骄横，并不断讥刺绿林无能。及与少年较量膂力，少年张弓如引带，令刘东山汗颜。最后少年劫走了刘东山的财物。刘东山还乡后，只好与妻子卖酒为生，不敢提起此事。三年后，有壮士十一人过酒肆沽酒，其中一人正是少年。刘东山吓得跪倒在地，少年却安慰他，说自己当时年少，只想惩戒刘东山，并出千金赠予东山，刘东山不敢推辞，忙杀牲置酒，请少年一行留宿。这个故事正道出了绿林人的豪侠气概，也是当时游侠聚集绿林中的写照。

明清之际，亦有许多绿林侠盗，这些侠盗在遇人危困时能够援手以救，助弱除强，不图回报，重义轻色，侠气干云。苗喜凤即是当时一名"义贼"。他短小有力，能上八丈多高的墙，在城楼上行走就像猿猴一样轻捷。一次他路过江南某村，听闻一女子因母病弟幼家贫，欲行割肉，以救其母，苗喜凤出面劝阻，对她说："割股伤身，算不上真正的孝，千万不要学那些蠢人的行为。"他赠予女子白银三十两作医药之资，随后悄然离去。数月后再来探视，女子的母亲已经病逝，女子却被城中一个富绅公子骗囚，苗喜凤在女子将受污时破窗而入，杀死富绅公子，救出女子。女子感恩图报，欲委身于他，苗喜凤说："我怎会是个好色之人？救了你之后再娶你，别人将把我归于不义之人。"于是，给这个女子另外找了一户好人家嫁了。（《清稗类钞·义侠类》）

2. 扶难济困，保护弱小

在封建社会的后期，统治阶级愈发腐败，各地土豪劣绅、恶霸等黑恶势力极其嚣张。他们割据一方，划地为王，任意欺压百姓，胡作非为。而官府往往与其沆瀣（hàngxiè）一气，百姓呼唤"青天"，哪里又有真正的"青天"，故而当时的下层百姓对侠义之士望眼欲穿，这一时期有关游侠铲除恶势力的记载比较多。

《清稗类钞·义侠类》中记载了一位叫作白胜的独行侠。白胜生活在光绪初年的吉林。他十分骁勇剽悍，武功精湛，又善于攀墙走壁。他行劫，但从不杀人，也不与人合伙，从来都是独来独往。他从不扰乱乡里百姓，他所住的地方，方圆三十里以内没有盗劫匪患。如果邻里丢了东西，白胜便亲自去追赃。群盗都畏惧白胜的勇悍，不敢侵犯他的"领地"。邻里有的人家穷得揭不开锅，白胜常常前往周济。凡有急难之事相求的，白胜也尽力让他们满意而归。由于白胜为人侠义，肯于扶难济困，当地人都尊称他为"白大爷"。

《清稗类钞·技勇类》中还有另一段有关民间侠士的记载。某地有一个土豪，年老好色，身边姬妾环侍，犹嫌不足。他得知临村有一女子长得很美，千方百计想得到女子。女子不愿，土豪便用钱买通了女子贪财的叔叔。女子父母已亡，只有一个弟弟，又出门在外。女子叔叔趁机逼迫她嫁入土豪家中。女子对土豪说："你还是放我回去的好，我的弟弟是个侠士，能从百步以外飞匕首杀人。"土豪不以为然，笑女子所言失实。女子请求土豪等待自己十日，并以死相胁，土豪无法，只好答应了她。

女子家中有一个老奴，很是忠心，见女子被叔叔逼入豪门，十分愤怒。女子就把弟弟的地址告诉了老奴，老奴日夜兼程前去寻找少主人。

十天的期限到了，太阳落下地平线，女子的弟弟仍未赶到，她甚为失望，着意打扮了一番，在衣袋里藏了一把剪子等待出嫁。土豪大喜，大宴宾客。酒过数巡，土豪大醉，来到镜前，手拂胡须，为自己老而矍铄洋洋自得。突然，一阵怪风刮过，土豪只见一把匕首插入了自己的脸。土豪吓得趴在地上，以手摸脸，并未感到疼痛。仔细一看，只见一把三寸多长的匕首插在了玻璃镜上。进屋一看，女子已经不见了。

少年侠士虽只救走其姊，没有伤害恶霸，但恶霸的气焰早已被打下来，不得不收敛他的恶行。

3. 轻财尚义，英勇无畏

清代，专以武艺护送过往客商及其资财的保镖业异常兴盛。保镖们既与绿林中人有千丝万缕的联系，又是常态社会中受法律规范的平民百姓，其中有不少是有着高风亮节的游侠。清末光绪年间（公元1875—1908年）京都大侠大刀王五就是一例。王五以为人保镖为生，河北、山东一带的绿林人士都认他为首领，王五令他们只可劫夺贪官污吏，不可取不义之财。光绪初年，京城附近几十起劫案不破，官方疑心为王五所为，发兵数百围住王宅，王五却早已从宅中脱身。第二天，王五前去自首，直言数月来劫案始末，刑部主事汉青士爱慕王五行侠仗义之举，将其轻刑放出。数年后汉青士出京放为外任，缺乏迁移资财，王五赠金并护送其到任，以报答汉青士的恩情。王五与戊戌烈士谭嗣同相友善，政变事发，王五曾劝谭嗣同出逃，愿以身护送，谭嗣同没有答应，而慷慨赴难。谭嗣同遇害后，王五联络数百壮士欲有所作为，但不久死于庚子年（公元1900年）战乱中。

此外，明清之际的游侠也有一些置身于农民义军中，如太平天国名将石达开少年时就是位轻财尚义的游侠。他十四岁就广交豪杰，仗义疏财，最后毁家纾难，率四千余人投身到反清义军中。石达开的义勇使得他的对手，即审判和监刑的清廷官员都对他钦敬有加。清代周询的《蜀海丛谈》中，详细地记载了石达开的受刑过程："石之死处，在成都城内上莲花街督标箭道。三人自就绑至刑场，均神气湛然，无一毫畏缩态。且系以凌迟极刑处死，至死均默默无声，真奇男子也。"

另有游侠投身于各类会党之中，如清末光复会的王金发、徐锡麟、秋瑾等。其中，辛亥革命志士王金发十八岁加入反清会党，被举为"龙头"，毕生从事反清斗争。曾任绍兴军政分府都督、国民军副司令、驻沪讨袁军总司令等，是辛亥革命时期的风云人物，被孙中山誉为"东南一英杰"。王金发是秋瑾的战友，秋瑾遇害后，王金发发誓要为烈士报仇。他率部众深入浙东山林草泽之中，劫富济贫，锄强扶弱。以暗杀叛徒、清吏而声名大振，先后被他处决的有叛徒汪公权、秋案告密者胡道南等多人，且行动利落，踪迹倏忽，被人喻为"今之聂政"。

王金发家族的《王氏家谱》记载他的祖父王景风："少豪侠，爱交游而嗜饮，日常招致宾朋满座。尤好学技击，习戎马，有整军经武之志，以非其时，不敢发也。"而王金发自己则称祖父与他性格"大类"，都是豪侠之人。

1907 年 7 月 6 日，光复会成员安徽巡警处会办兼巡警学堂监督徐锡麟，在安庆刺杀安徽巡抚恩铭，率领学生军起义，攻占军械所，激战四小时，失败被捕。审讯时徐锡麟挥笔直书："蓄志排满已十余年矣，今日始达目的。本拟杀恩铭后，再杀端方、铁良、良弼，为汉人复仇。"公堂之上，面对审判，徐锡麟义正词严，怒斥清廷专政误国。审讯官质问徐锡麟："恩铭待你不薄，为何刺杀？"徐锡麟厉言道："恩抚待我，私惠也；我杀恩抚，天下之公也。"审讯官又问："汝常见恩铭，为何不于署中杀之？"徐锡麟言道："署中，私室也；学堂，公地也。大丈夫做事，须令众目昭彰，岂可鬼鬼祟祟。"他又自己写下供词，愿一人承担责任，不牵连学生。最后慷慨就义。

由此可见，至清末，民间反抗黑暗腐朽统治的力量多以侠的理想主义和无畏精神号召和聚集民众，旧世界的反抗者必定以侠的勇敢无畏、重义轻命来支撑起他们的信念。这一时期，仗义任侠之人不绝如缕，足证侠义精神已成为一种优良品质深植于民众心中。

四、游侠的类分

　　前述历代游侠，虽然分处不同朝代，但共同的精神气质和行为特征又让他们能够作为一类人从各个阶层中分别出来。除此之外，由于侠的气质和精神始终为社会广泛称赞，行侠仗义之人遍及社会各个阶层，侠者及其侠行借助文字记载、评论、演绎和艺术呈现，也始终被社会传颂，造成广泛和深远的社会影响，使得侠义精神生生不息。总体说来，侠义精神是深植于人类内在的优良素质，也是深植于中华传统文化中的优秀基因。因此，深入研究和发掘这种文化内涵，弘扬侠义精神，具有现实和历史的双重意义。对游侠加以类分，则有助于从多角度对游侠展开研究和加深认识。历代史家多有对于游侠的分门别类。具体来说，从所处社会阶层、社会地位的不同，可以把游侠分为卿相之侠和布衣之侠；从居处的社会环境和从业又可将游侠分为"乡曲之侠"、"闾巷之侠"；从游侠的品行以及行侠的方式、行侠的手段、行侠的目的性，还可以将游侠分为义侠、武侠、豪侠、轻侠、盗侠等。

（一）卿相之侠

　　司马迁在《史记·游侠列传》中最早将游侠分为卿相之

侠和布衣之侠。他所谓的卿相之侠有下列特征："因王者亲属，借于有士卿相之富厚，招天下贤者，显名诸侯。"即卿相之侠有显贵的地位，或为王侯的亲属，或为朝廷的重臣，具有厚重的财势，可凭借这一切广招天下豪杰，并借重这些豪杰做出抑强扶弱的侠义之举来树立侠名，以此取得更大的权势，实现更大的抱负。

初期的卿相之侠，最有代表性的当数战国四公子。人们说他们是卿相之侠，除了依据司马迁的说法外，主要依据了班固在《汉书·游侠传》中的一段话：

> 周室即微，礼乐征伐自诸侯出。桓文之后，大夫世权，陪臣执命。陵夷至于战国，合纵连横，力政争强。由是列国公子，魏有信陵，赵有平原，齐有孟尝，楚有春申，皆借王公之势，竟为游侠，鸡鸣狗盗，无不宾礼。而赵相虞卿弃国捐君，以周穷交魏齐之厄；信陵无忌窃符矫命，戮将专师，以赴平原之急：皆以取重诸侯，显名天下。扼腕而游谈者，以四豪为称首。

上述所谓卿相之侠，或为国君的弟兄，或为当朝的权贵，受世风影响以及自身的需要，门下都有大量门客，以至于必须耗费大量的财物才能满足门客的消耗。这些门客中，除了有大量的游侠，还有一些靠谋略、智能和游说之功的儒士以及另外一些怀有其他技能的人。当然，能留住这些不羁之徒单靠财物是远远不够的，它还要求聚士之人自身便有着侠肝义胆，为人慷慨大度，不仅求贤若渴，更要礼贤下士。

汉初的大将军陈豨以及吴王刘濞、淮南王刘安养客都数以千计。大将军灌夫及外戚魏其（今山东临沂东南）侯窦婴、武安（今河北武安）侯田蚡也是当时居高位而好任侠养客之人，但他们也因此得罪了皇帝，深受帝王嫉恨。后来都以种种罪名被皇帝除掉。此后，游侠日渐衰落，出身贵族而以行侠为事的卿相之侠也日渐稀少。同时，由于统治者的嫉恨，贵族公卿中也少有敢于以任侠相标榜之人。西汉以后，也仅仅在朝代更替、王权旁落时期才会有堪称卿相之侠的人出现。如汉成帝时期的王莽、楼护，以及王莽时期的陈遵等，都以外戚等裙带关系在朝中获取权势，又以任侠养士来扩大自己的势力和影响，而王莽在势力扩大之后竟然能够夺取皇权，更成为后代统治阶层警惕游侠群体的前车之鉴。

卿相之侠与平民出身的布衣之侠，虽然都具备游侠的共性，但二者在行侠方式、手段和人生目标和追求等方面有着一些差别，这些差别使卿相之侠与一般的布衣之侠具有不同的特色。他们的任侠行为主要是借助布衣之侠的手来完成，他们的侠义则往往体现在更高一层的思想意识中。卿相之侠的侠义性一般体现为以下几个方面。

1. 具有家国情怀，勇于抵御外侮

战国末年，秦国围困赵国都城邯郸。魏公子信陵君为拯救陷于水火之中的邯郸军民，不惜窃取兵符、痛杀晋鄙，领兵逼退了秦军。在这场堪称侠者云集的拯救行动中，信陵君最为突出地表现出急人之难的正义感。同时，他的礼贤下士、救人于困、勇于担当、顾全大局等优秀品质都得到了集中展现，他

也因此成为备受后人推崇的侠中之侠。邯郸被围时，同为卿相之侠的平原君不顾个人安危四处求援，搬取救兵。在城中弹尽粮绝之际，他采纳门客李同建议，将自己养尊处优的家人编入士卒之间，同普通人一同劳作，还倾尽家财招纳死士与秦军作战，有效地争取了时间，在援军的帮助下，保住了城池，使百姓免遭秦军的蹂躏。班固说信陵君窃符救赵主要是为了"以赴平原之急"，即响应平原君的求助。这虽然主要由于班固自身的价值观导致他在一定程度上贬低了信陵君的大义，但也从另一个角度对于卿相之侠之间同气相求，看重承诺所产生的效果给予了极高的估价。齐国的孟尝君、楚国的春申君也都凭借养士、广招宾客形成庞大的声势，这种声势不仅使他们个人声望日隆，也的确给他们自己的国家和政权增强了对外敌的抵抗力，他们声望的提升也有助于扩大本国的影响力。同时，卿相之侠的出身和社会地位使得他们必定更多地把国家的命运、百姓的安危挂在心上，他们的侠行也往往体现为救助危难中的国家和百姓，他们的形象显得更加正气凛然。

2. 仗义疏财，肯于牺牲和付出

史载齐国贵族孟尝君田文就是一个舍弃自己的家财厚遇宾客的人。孟尝君的门下常常聚集着众多门客，有时达三千名之多。他每次接待宾客时，都在屏风后面安排一位书记官做谈话记录。孟尝君总是详细地询问宾客的亲属住在哪里。客人一走，孟尝君立即派人带了礼物去慰问宾客的亲属。（《史记·孟尝君列传》）孟尝君的一个门客和他的一个夫人偷情，孟尝君知道后，认为男女相悦是人之常情，不仅不责备那位门客，反而对他委以重任。后来正是这位曾冒犯过孟尝君的人因为感激孟尝君的慷慨大度，拼死阻止了卫国国君约天下之兵攻打齐国的计划，为孟尝君增添了一项抵御外侮的美名。(《战国策·齐策三》) 做到孟尝君如此大度的确不容易，然而作为一位卿相之侠，无论主动也好，被动也罢，他们不愿也不敢让别人在这一点上对他们失望。不如此，便不足以笼络人心。《史记·平原君列传》中记有这样一件事：从平原君赵胜家的楼上可以俯视民宅。邻家有个跛子，一拐一拐地从井里提水，平原君的一个美人在楼上看到了，不禁哈哈大笑。第二天，跛子来找平原君，要求砍下那美人的头，来洗雪自己所受的侮辱。平原君笑着答应了，却没肯为了一个过于自尊的跛子杀掉自己所宠爱的美人。过了一年多，他发现自己的门客走了大半。他很奇怪，说："我并不曾对门客们失礼呀，为什么走掉这么多人？"一个门客回答："这是因为您不肯杀那个嘲笑跛子的美人呀。"平原君无奈，只得忍痛砍下那美人的头，亲自到跛子家赔罪，宾客才慢慢地增多起来。

班固在记述游侠事迹时，提到了另一位可称卿相之侠的赵相虞卿。赵国的宰相虞卿与魏国宰相魏齐是好友。魏国的范雎本是魏国中大夫须贾门客，因被怀疑通齐卖魏，差点被魏相魏齐鞭笞致死，后来在友人郑安平的帮助下，范雎逃至秦国，取得了秦王的宠信做了秦相。做了秦相的范雎开始报复魏齐，魏齐被秦通缉，不得已投奔虞卿。虞卿自知赵国不敢对抗强秦，也不愿给赵国招致祸患，又不肯背弃信义，于是舍弃相印，放弃官位，陪同魏齐逃亡到了梁，托人传信给当时最有实力抗衡秦国威慑力的信陵君，希望信陵君能够对魏齐加以庇护。但显然秦国的势力太过强大，无论是谁，给予魏齐庇护就必须承受与强秦为敌的后果，难以抉择。就在信陵君犹豫未决的时候，魏齐心灰意冷，且不愿意成为友人和友国的祸端，选择了自尽。虞卿受到此事牵连，丢失了荣华富贵，陷入困境，但他毫不后悔。虞卿后来远离政治，著书立说，写下了《虞氏春秋》。虞卿为了成全朋友之义放弃高官厚禄，陷入窘境后不甘泯灭，退而著书的任侠事迹也深刻影响了为游侠作传的史家司马迁，成为司马迁忍辱著书的一个效仿对象。

汉成帝时期的王莽喜欢任侠养客，他礼贤下士，清廉俭朴，常把自己的俸禄分给门客和穷人，甚至卖掉自己的车马接济穷人，因此深受众人爱戴。他的一个儿子杀死了家奴，王莽逼迫他自杀以平民愤。他所表现出来的这些侠义行为是他后来在夺取皇位时得到朝野上下众多支持的重要原因。

3. 求贤若渴，礼贤下士

信陵君魏公子无忌之所以在四公子中最受推重，最为重要的原因就在于他是一位"为人仁而下士，士无贤不肖皆谦而礼交之，不敢以其富贵骄士"的贤侠。他与隐居的侠士侯嬴结交之初，侯嬴在魏都大梁（今河南开封）做守门人。信陵君得知侯嬴是个贤者，就摆下酒宴，招来大批宾客作陪，准备宴请侯嬴。酒宴备好后，信陵君亲自乘车，空出左面的尊位去接侯嬴。侯嬴并未受宠若惊，他十分傲慢地整理了一下破衣帽，当仁不让地坐到尊位上，故意看信陵君有何反应，却见信陵君手牵缰绳愈加毕恭毕敬。侯嬴说："我有位朋友在市场里做屠户，希望委屈您的车马从那里过一下。"信陵君就赶着车到了市场。

侯嬴下车去见他的朋友朱亥，故意拖了很长时间，一边聊天一边偷看信陵君的反应，只见信陵君仍旧气色平和恭立一旁。此时，信陵君家的大堂上坐满了王公将相、宗室贵族和宾客，等待信陵君回来举杯开宴。而满市的人都看着信陵君在为一个衣衫褴褛的老者牵着马缰。跟从信陵君的人都忍不住暗中骂侯嬴太不识趣。侯嬴看到信陵君始终和颜悦色等在一旁，这才告别朱亥上了车。来到酒宴上，信陵君又将侯嬴请到上座，还把来宾一个个亲自向侯嬴做了介绍。

在这段故事中，大出风头的固然是侯嬴。信陵君给足了他的面子。但侯嬴却对信陵君说："刚才我难为了你，其实是想看看你是否像人们传说的那个样子。我不过是个看城门的人，本不配劳驾公子亲自驾车去接，而公子却去接了。所以我故意让你招摇过市，让人们围观。从此以后，街市上的人都认为我是小人，而认为公子是高尚的人，能礼贤下士啊！"侯嬴用自己的傲慢无礼衬托出信陵君的礼贤下士，给予信陵君展现自己求贤若渴姿态的机会，帮助信陵君由此大大地树立了侠名。

汉初的大将陈豨以养士著名，他的随行宾客常常载满一千多辆车子，把所到之处的所有官舍全部住满。陈豨对待宾客十分尊重，用平等的态度礼遇他们，不惜降低身份，用平民百姓之间的交往礼节与宾客往来，而且总是谦卑恭敬，屈己待人。正因如此，陈豨获得了大批追随者，这也成为陈豨后来受到高祖刘邦猜忌的重要原因。

史载信陵君在窃符救赵后，曾长期滞留在赵国。他听说有两位名士毛公、薛公隐居在赵国的赌徒和酒肆之中，就亲自步行前往找到他们，和他们相处得十分融洽。这件事被平原君赵胜得知，他就对自己的夫人即信陵君的姐姐说："我听说你弟弟天下无双。现在看来，他不过是个只会和赌徒、卖酒的一块儿瞎混的糊涂虫。"平原君夫人把这话告诉了弟弟，信陵君不以为然地说："原来平原君的养士只是贵公子的徒有虚名，并不是真的寻求人才。我在大梁的时候，就常听说毛公、薛公这两人贤德，到了赵国，唯恐见不到他们。我去找他们，还恐怕他们不愿意同我交往，现在平原君却认为这两个人不值得交往，我看倒是他不值得交往。"说罢，收拾行装，便要离开。平原君只得赔罪致歉才平息这场风波，但他手下的宾客，又有一多半跑到了信陵君那里。(《史记·魏公子列传》)

另一位卿相之侠孟尝君对宾客按等级相待。有一次晚上宴请宾客，一位宾客看到另一个不如自己的门客端着碗躲在黑地儿里吃饭，以为他的饭比自己的好，就发怒要告辞离开孟尝君，孟尝君只得亲自端过那人的饭进行比较，这位宾客见那人的饭的确不如自己，知道自己错怪了孟尝君，羞惭自刭。这件事传出去后，归附孟尝君的人就更多了。(《史记·孟尝君列传》)

4. 养客任侠，施展抱负

卿相之侠行侠仗义不需亲自出手，而是借用手下的侠士来施行侠举，而侠名理所当然地落在自己头上。信陵君得以窃到魏王内室中收藏的兵符，解了赵国之围，其间得到了一个关键人物的帮助，那人便是最受魏王宠爱的如姬。而如姬之所以不辞一死为信陵君窃符，是因为信陵君曾为她报了杀父之仇。信陵君虽然是假手于人为如姬报了仇，但肯于承担责任去杀一个悬赏三年未能捉获的极为凶恶的凶手，的确令人佩服。而令如姬感恩戴德的人当然只会是信陵君而绝非那位手刃凶徒的侠客。

孟尝君的宾客冯驩也曾用自己的行动为孟尝君取得侠名。一次，孟尝君派冯驩到封地薛（今山东滕州东南）去收债。冯驩至薛后，大摆宴席，招来所有借贷之人，能交利息的，收取利息或约定收债时间，交不起利息的，当场烧毁债券。人们感恩戴德，但他们感激的自然并非冯驩，而是并不知晓这件义举的孟尝君。后来，当孟尝君被国君嫉恨，遭贬至薛地时，当地受过此恩的人们扶老携幼前往迎接他（《史记·孟尝君列传》），给了孟尝君以最大的支持。

卿相之侠大多是王公贵戚，战国四公子中有国王的弟弟（信陵君、平原君、春申君），亦有宰相之子（孟尝君）。他们虽然身处尊位，财力雄厚，但却无法实现政治上的宏图大志。封建社会的长子世袭制使其他王子无法得到王权甚至受到排挤和压制。任侠养士使他们得到民众的爱戴与尊敬，获得了向往已久的权势，赢得巨大的政治声誉。在声望上，四公子已远远超过了他们的国君。贤能的信陵君门下食客超过三千，威加敌国，因为他的威望，敌国有十多年不敢对魏国用兵。信陵君窃符夺兵权后，深知自己不为魏王所容，客居赵国。秦国见有机可乘，便大举攻魏。后来信陵君在宾客的劝导下，大义当先，不计较魏王对自己的排挤，毅然返回魏国，做了魏军统帅。随后，信陵君派出使者向各国求援，各国由于信陵君的关系，纷纷派兵救魏。信陵君率领五国联军大败秦军，秦军多年不敢再出函谷关。秦王忌惮信陵君，使出离间计，促使魏王再次罢免了信陵君统帅之职。信陵君从此心灰意冷，沉迷酒色，不久去世。魏国从此失佑，不久被秦灭国。卿相之侠左右局势的力量由此可见一斑。

从上面的事迹中可以看到，即使同是卿相之侠的四公子，在道德面目上也是参差不齐。四人的行侠仗义也有不同的出发点。春申君和孟尝君行侠，更主要的是为了自己的权势和地位，为了沽名钓誉。平原君虽然能以大局为重，有一些为国为民之举，但他基本上是一个养尊处优的贵公子，生活很奢靡，目光很短浅。他比较可贵的是还能够听取手下宾客有益的劝谏。只有信陵君是一位真正为国为民、礼贤下士、行侠仗义的贤侠。司马迁在为这四人作传时，在标题的称谓上对其他三人只称封号，独对信陵君称"魏公子"，用意深远，暗中赞誉了信陵君忧国忧民的侠义。

由于卿相之侠具有的能量常常让统治者自愧弗如并感到威胁，故而君王"常切齿之"（《史记·卫青列传》），即对任侠行权的卿相之侠猜忌疑惧甚至恨之入骨。汉代以后的卿相中便少有以任侠相诩的人了。后代有侠名的宋相包拯、清代高官施士伦等人虽亦能任用游侠除暴安良，但目的却是为了维护封建帝王的统治秩序，并不肯以任侠自居，反倒将一些游侠驯化转变为统治阶级的鹰犬。

（二）布衣之侠

司马迁所谓的布衣之侠，是指出身平民阶层，靠行侠仗义、标节立名赢得世人尊重的游侠。他说：

> 古布衣之侠，靡得而闻已……至如闾巷之侠，修行砥
> 名，声施于天下，莫不称贤，是为难耳。然儒、墨皆排摈
> 不载。自秦以前，匹夫之侠，湮灭不见，余甚恨之。以
> 余所闻，汉兴有朱家、田仲、王公、剧孟、郭解之徒，虽
> 时捍当世之文网，然其私义廉洁退让，有足称者。名不虚
> 立，士不虚附。（《史记·游侠列传》）

这里所谓布衣之侠、闾巷之侠、匹夫之侠，都是对出身
平民阶层的游侠的称谓。同时，他还举出了当时一些著名的
布衣之侠，可见布衣之侠是与卿相之侠相对而言，依照出身
和社会地位划分的。司马迁认为，布衣之侠主要依靠行侠仗
义、乐善好施、屈己待人、清廉谦让等德行树立起自己的权
威和声望，也因此结交很多朋友，获得很多人的跟从和趋附。
同时，为了维持这种威望，他们时常会触犯现行律令。司马
迁深憾秦朝以前的布衣之侠鲜有记载而湮没无闻，故而写下
《游侠列传》，将汉初的朱家、田仲、王公、剧孟、郭解等从
芸芸众生中遴选出来，作为影响后世的重要人物予以记载。
司马迁还将布衣之侠依居处地域称之为"乡曲之侠"和"闾
巷之侠"。《史记》中提到的布衣之侠还有符离人王孟、济南
瞷氏、陈地的周庸以及后来代郡的诸家白氏、梁地的韩无辟、
阳翟的薛况、陕地的韩孺等。

班固的《汉书》沿袭《史记》，仍然有《游侠传》一章，
为《史记》之后的游侠留下了名字和活动印迹，记载了郭解

之后一些布衣之侠的名字，包括关中长安樊中子、槐里赵王孙、长陵高公子、西河郭翁中、太原鲁翁孺、临淮兒长卿、东阳陈君孺等，但班固更多的是看重这些侠者谦退有礼的一面，说他们"虽为侠而恂恂有退让君子之风"。与此同时，班固还将一些如"北道姚氏，西道诸杜，南道仇景，东道赵佗、羽公子，南阳赵调之徒"从游侠群体中剔抉出来，说他们是"盗跖而居民间者耳，曷足道哉！此乃乡者朱家所羞也"，认为他们算不上真正的侠者，他们的所作所为如同强盗一般，为真正的侠者所不齿。

布衣之侠也持续受到统治者的打击和镇压，如汉景帝时诛杀周庸，汉武帝灭郭解一族，到了范晔作史，就已经不再设立游侠传，表明东汉后游侠已经走向式微。布衣之侠更是失去了在史籍中被记载的可能，重新沦为湮灭不见的一群。

相较于卿相之侠，布衣之侠主要有两个突出的特点。

1. 修行砥名，声施天下

乐善好施、清廉谦让的鲁人朱家是备受司马迁和班固称赞的布衣之侠，也可以说是最有古风最合古义的布衣之侠的范本。其突出的特点就是廉洁谦让，救穷济困，对人施恩不求报答。朱家与汉高祖刘邦是同时代的人。鲁人都以信奉儒教而著称，而朱家却以任侠而闻名。他所藏匿和救活的豪杰数以百计，得到过他救助的普通人更是不计其数。但他始终不夸耀自己的才能，不炫耀他对别人的恩德。对于那些他曾经给予过施舍的人，他都尽力避开，唯恐再见到他们。他救助别人首先从贫贱者开始，对自己却十分苛刻，家中没有剩余的钱财，穿着朴素，吃得也很简单，出门只乘坐牛车。他一心救助别人的危难，超过为自己办私事。朱家曾经暗中使季布将军摆脱了被杀的厄运，待到季布将军地位尊贵之后，他却终身不肯与季布相见。所以，从函谷关往东，人们没有不希望同他交朋友的。楚国的田仲也以任侠闻名，他喜爱剑术，把朱家当作父亲一样对待，但他认为自己的品行与朱家相比，实在望尘莫及。

后来勉强能与朱家齐名的布衣之侠应该就是郭解了。郭解是轵县人，字翁伯。他是善于给人相面的许负的外孙。郭解的父亲因为行侠，在汉文帝时被杀。所以，郭解的行侠仗义传自家风。郭解个子矮小，为人精明强悍，不喝酒。史书中说他年少时残忍狠毒，心中愤慨不快时，亲手杀的人很多。但他也很仗义，常常不惜牺牲生命去替朋友报仇，藏匿亡命徒去犯法抢劫，闲来无事时就私铸钱币，盗挖坟墓。他的不法活动数也数不清，但就像是能遇到上天保佑似的，在窘迫危急时常常脱身，或者遇到大赦。这样的郭解俨然就是社会的祸患，实在称不上侠者。等到郭解年龄大了，他仿佛浪子回头，开始改变行为，检点自己，用恩惠报答怨恨自己的人，多多地施舍别人，而且对别人怨恨很少。但他自己喜欢行侠的思想越来越强烈。已经救了别人的生命，却不自夸功劳。屈己待人，严于律己。一次，郭解姐姐的儿子依仗郭解的势力，同别人喝酒时强迫别人干杯，那人酒量小，表示不能再喝了，他却强行灌酒。那人发怒，拔刀刺死了郭解的外甥，就逃跑了。郭解姐姐发怒说道："以弟弟翁伯的义气，人家杀了我的儿子，凶手却捉不到。"于是她把儿子的尸体丢弃在路上，不埋葬，想以此羞辱郭解。郭解派人暗中探知凶手的去处。凶手窘迫，自动回来把真实情况告诉了郭解。郭解说："你杀了他是应该的，是我的孩子无理。"于是放走了那个凶手，把罪责归于姐姐的儿子，并收尸埋葬了他。人们听到这消息，都称赞郭解的道义行为，更加依附于他。

洛阳有两家人相互结仇，城中有数以十计的贤人豪杰从中调解，两方面始终不听劝解。门客们就来拜见郭解，说明情况。郭解晚上去会见结仇的人家，仇家出于对郭解的尊重，委屈心意地听从了劝告，准备和好。郭解就对仇家说："我听说洛阳诸公为你们调解，你们多半不肯接受。如今你们幸而听从了我的劝告，郭解怎能从别的县跑来侵夺人家城中贤豪大夫们的调解权呢？"于是郭解当夜离去，不让人知道，说："暂时不要听我的调解，待我离开后，让洛阳豪杰从中调解，你们就听他们的。"郭解恭敬待人，对官府也表现得十分尊重，从不敢乘车走进县衙门。他到旁的郡国去替人办事，事能办成的，一定把它办成，办不成的，也要使有关方面都满意，然后才敢去吃人家的酒饭。因此大家都特别尊重他，争着为他效力。城中少年及附近县城的贤人豪杰，半夜上门拜访郭解的常常有十多辆车子，都争先恐后地把郭解家的门客接回自家供养。

但郭解显然不是朱家那种谦谦君子的本性，他这样修行砥名明显违背了自己的性情，以至于司马迁分析说他内心十分残忍狠毒，在压抑不住本性的时候，他会为某些小事突然怨怒行凶。他身边依附于他的少年们也看懂了他的眼色和心意，所以为了表达对他的仰慕，也常常为他报仇，却不让他知道。这增添了郭解的威势，但也显然成为他最后不容于正统，遭受灭族之灾的缘由。

2. 权行州域，力折公侯

布衣之侠屈己待人，周穷济困，一方面是为了标节立名，另一方面也主观和客观地为了建立个体的影响和权势。实际上，他们也确实借此获得了与其原来身份和地位不相符合的权力和影响力。传说汉初吴、楚叛乱时，条侯周亚夫任太尉主持平叛，周亚夫出任大将军后，刚到河南，就得到了剧孟。剧孟是洛阳人。洛阳当地人都以经商为正业，只有剧孟却以任侠闻名，是当地著名的游侠。周亚夫得到剧孟后高兴地说："吴、楚想成大事业却不去求得剧孟，由此看来他们是不能成功的。"当时天下一片混乱，大将军得到了剧孟就好像夺取了一个敌国一样，可见剧孟在社会上的影响力多么巨大。有学者说周亚夫这是在夸大剧孟的作用来给己方打气，同时打击叛乱方的气焰。但能被借助作为宣传舆论的工具，依然能够说明剧孟的影响不容忽视。史书中说剧孟的品行酷似朱家，而又喜好赌博，多与少年一同游戏。剧孟的母亲去世，从远方来送殡的车有上千乘之多。

以一介布衣能得到如此多人的拥戴，势必引起极权社会统治者的警觉。待到汉武帝元朔二年（公元前127年），朝廷要将各郡国的豪富人家迁往茂陵居住，当时十分著名的游侠郭解的家财不足三百万，不符合资财三百万的迁转标准，但迁移名单中有郭解的名字，因而官吏害怕，不敢不让郭解迁移。卫青将军替郭解向皇上求情说："郭解家贫，不符合迁移的标准。"但是武帝却说："一个百姓的权势竟能使将军替他说话，这就可见他家不穷。"郭解于是被迁徙到茂陵。武帝的这种说法不无道理，因为郭解得到众人为他送行的钱很快就达到一千余万。郭解迁移到关中，关中的贤人豪杰无论从前是否知道郭解，如今听到他的名声，都争着与郭解结交。

游侠势力和影响之大也时常引起他身边位高权重者的忌惮。西汉末期的万章，字子夏，是长安著名的豪侠。他住在城西的柳市，人称"城西万子夏"。后来，万章做了京兆尹的幕友，曾跟着京兆尹进殿，在那里侍中、诸侯和贵人都争着向万章作揖，却没有人去找京兆尹交谈。万章十分惊慌畏惧。从此之后，京兆尹就再也不叫万章陪着自己了。万章之所以具有这样的权势，显得他的直接上司都暗淡无光，其中重要的原因是万章与当时皇帝的宠臣中书令石显交情深厚，后来石显因为专权擅势的罪名而免了官，要搬回家乡，临走的时候，石显还将价值几百万的床席器物要送给万章。

以侠义之名提升自己的声势，吸引权贵与其结交，又通过为权贵效力，强化与权贵的联系，布衣之侠通过这样的社会关系获取到更大的权势。楼护父子两代就以这样的方式结交权贵从而成为当时的风云人物。

楼护，字君卿，齐国人。他父亲是世传的医生，楼护小时候就随父亲在长安行医，出入于贵戚之家。楼护十分好学，学识渊博，且见多识广，这也成为他结交权贵的踏板。当时外戚王氏刚刚兴盛起来，王氏五侯同日获封，显赫一时，王氏五侯为了增大自己的势力，都喜欢养士，都是宾客满门。五侯兄弟争名夺利，对于宾客他们各自都有厚待的人，宾客很难左右逢源，只有楼护同时被他们都收入了门下，并得到了他们每人的欢心。楼护结交士大夫，对自己的一切无不坦露，结交长辈，更显出亲切而敬重，大家都因此而佩服他。楼护身材矮小但能言善辩，议论起来往往引经据典，使听者不由肃然起敬。他与谷永都是五侯的上客，所以长安城中有句传言道"谷子云的笔札，楼君卿的唇舌"，说的正是他们各自被世人看重的特长。楼护的母亲死了，送葬的人乘坐的车就来了两三千辆，因此，里巷的人编歌唱道："楼君卿治丧五侯忙。"后来，他依靠王氏五侯的举荐做了官，又凭借办事能力一直做到天水郡太守的职位。过了些年，被免官的楼护居住在长安城中。当时成都侯王商任大司马卫将军，一次上朝过后，想去看望楼护，他的主簿官劝说他："将军你以至尊之身，不宜于出入里巷之中。"王商不听，于是就去了楼护家。楼护的住处十分狭小，以至于随从们只能站在车下，停了好长一段时间，天要下雨了，主簿官对西曹诸位属吏说："大将军不听劝告，现在反而要站在里巷中淋雨！"王商回去后，了解到主簿的这些话，对他十分反感，便以调动为由撤了他主簿的职，一生再没有让他当官。这件事也可证明楼护与成都侯王商的友情十分深厚。后来，楼护晚年失势，成都侯王商的儿子王邑当了大司空，十分尊贵，王商的旧朋友都很敬重王邑，唯有楼护仍按以前的礼节对待他，王邑也以父辈看待楼护，不敢有所失礼。一次，王邑召集宾客宴饮，他把酒樽高举过头敬酒，称"贱子上寿"。在座的人有上百之多，都离席伏地行礼，而楼护却独自面向东方正襟危坐，后来还写信对王邑说："王公子你尊贵得太过分了！"完全是一副长辈的口吻。

对于布衣之侠，司马迁曾这样感慨说：

> 鄙人有言曰："何知仁义，已享其利者为有德。"故伯夷丑周，饿死首阳山，而文、武不以其故贬王；跖跷暴戾，其徒诵义无穷。由此观之，"窃钩者诛，窃国者侯；侯之门，仁义存"，非虚言也。

这段议论揭示了布衣之侠存在的社会原因和伦理基础。从正统理念和律法来看，布衣之侠破坏社会现存律法和道德规范，获得和使用超出既有社会秩序许可的权力，必然对既定统治造成挑战，也因此不容于既有权利和统治阶层。但布衣之侠形成权势的过程中，必定要施恩于人，扶贫济困，若要取得众人的依附和信任，还必须做出一定的牺牲，甚至是牺牲自我，保持这种权势就更要维持自身符合某种古意的正义形象，维持某种符合古意的义理，信守承诺，廉洁谦让。这一切又是普通百姓，甚至是一些权力倾轧过程中失势的权贵所渴望的"正义"。司马迁的这段话也使我们强烈感受到，在不得不遭受腐刑的时候，司马迁对这种侠义的渴求。这正是布衣之侠得以立世的社会根源。

（三）义侠

唐代皇甫氏《原化记》中有一则题为《义侠》的故事，记述一名受县令指使刺杀畿尉的刺客，在行刺时被畿尉所讲述的事件真相打动，反过来杀死忘恩负义的县令的故事。唐《国史补》为这个故事找到了现实中的原型。据《国史补》记载，唐代宗、德宗年间的宗室贤相李勉，清廉而有风骨。李勉做开封尹时，遇到狱囚中有一个长得气宇轩昂的人，备述自己冤屈，向他求生，李勉就放了他。数年后李勉任满，客游河北，碰到了他解救的这名前因犯。那人十分欣喜地把李勉迎回家中，厚加款待，并与妻子商议说："恩公救我性命，该如何报德？"他的妻子说："给他一千匹绢够吗？"那人说："不够。"妻子又问："二千匹够吗？"那人回答："仍是不够。"妻子说："既然如此，不如杀了罢。"那人竟然被说服，起了杀心，决定动手，他的一名僮仆心中不忍，告诉了李勉。李勉外衣也来不及穿，立即乘马逃走。驰到半夜，已行了百余里，来到渡口的旅店。店主人很惊奇，问他："这里多猛兽，客官您怎么敢夜行？"李勉便将情由告知，还没说完，梁上忽然有人探出头来，大声道："我差点儿误杀贤义之人。"随即消失不见。天没亮，那梁上人携了前因犯夫妻的首级来献给李勉。

这故事后来还辑录在宋《太平广记》、明《剑侠传》中。

《义侠图》，清任渭长绘

后人又加以敷衍铺叙，成为评话小说，《今古奇观》中《李汧公穷途遇侠客》写的也是此事。可见这个故事对于后代的游侠形象在文学作品中的塑造颇有影响，这个故事将前因犯夫妇恩将仇报的人心险恶刻画得如此深刻，将义侠疾恶如仇的个性描述得如此动人，使得义侠的概念因此得以确立。据此，我们可以概括义侠的特质，即这类游侠疾恶如仇、乐善好施，慷慨大度，富于同情心，专门趋人之急，更为重要的一点是，他们的行侠仗义完全与己无关，仅仅出于公义，且不求回报。他们的任侠或许并不必动用武力，甚至有的人也不具备武功，但他们体现出来的正是游侠最本质的侠义精神。

前文提到的战国时的鲁仲连称得上是一位不畏强暴、捍卫正义、排患解难的义侠。他曾力阻赵国尊秦为帝，使赵国避免了一场亡国危机。当赵王要用千金向他表示感谢时，他坚决地推辞了。他表示，自己是心甘情愿地为他人排患解难，并不要求回报。鲁仲连是位游士，赵国的存亡似乎与他没有太大关系。但他自觉以天下兴亡为己任，为人排患难解纷乱而不贪图回报，虽然没有动用任何武力，却使赵国军民免受秦国的践踏和奴役，堪称是位义字当头的侠者。

据《太平广记》记载，唐代大历年间，有一位叫侯彝的人，任万年（今陕西西安）尉，为人侠义。一次，他隐匿一个被通缉的友人，受到掌刑狱的御史盘诘，侯彝始终不肯说出藏人之处。御史说："贼就在你的右膝盖下。"侯彝便揭下阶砖砸在自己的右膝盖上，反问御史："贼在哪里？"御史又说："贼在你的左膝盖下。"他又用砖砸在自己的左膝盖上，又反问御史。御史用火烙在他肚子上，烟气四冒，周围人都不忍观看，侯彝却大叫："为什么不加点炭？"御史大为称奇，上奏皇帝。代宗召见侯彝，问道："你为什么隐藏盗贼而自讨苦吃呢？"侯彝回答说："臣确实藏了贼人，只是我已然诺于人，至死也决不肯招。"姑且不论侯彝所藏匿的"贼人"触犯的是何种律法，因为在法制不健全的古代社会，那些触犯律法的人中多有行侠仗义的正义人士混迹其间，单从侯彝自身来看，他为保友人性命、为爱重自己一诺千金的名誉，不惧皮肉受苦、不惜牺牲性命的侠义品格，不唯令审讯他的御史称奇，还感动了唐代宗，终于免了侯彝一死。

义侠视脱人于困、救人于难为己任，施恩于人并不求回报。侯彝保护的是一位犯了罪的人，如果这人是个锄强扶弱的游侠自不必论，但若是个残害无辜之人，则侯彝的"义"就沦为恶的帮凶，称不上真正的义侠。但清代名伶程长庚救助的，确是一位宦场倾轧中的无辜受害者，故而他的义举更为感人。程长庚，字玉山，人称"大老板"，是京剧名伶，掌管京师著名的三庆班。一次，有一位道员被人弹劾陷害，即将受到褫夺官职的处分。道员愤恨不已，有冤无处告白。当时程长庚受到朝廷权臣恭亲王的赏识，与恭亲王相交甚深。道员便把冤情告之程长庚。程长庚见此道员确属蒙冤，便答应为其在恭亲王面前开脱。由于程长庚人品正直，一向很少在恭亲王面前开口求情，恭亲王便答应了此事，道员果得解脱。事后程长庚不仅不再见那位道员，拒收他的谢礼，还传出话道："请某官还以此整顿地方公事，毋以民脂民膏作人情也。"（《清稗类钞·义侠类》）

历史上，每当国家、民族陷于危难之时，总有许多侠义之士献身于捍卫国家与民族的正义事业。明末绿林好汉陈范良曾抢劫过四万余两皇饷。但他声称，之所以劫下皇饷，是由于那些享受这些钱财的人不肯为国家效力，反倒不如自己一干人用了，以后还可为国出力。果然，当清军入关后，陈范良等各路绿林豪杰群起抗清。不久，由于清的胜利已成定局，大部分起义首领都投降了清军，陈范良却坚决不降，继续带领残存的义军与清军周旋。最后，由于叛徒的出卖，陈范良被捕，他至死不降，慷慨就义。（查继佐《国寿录》卷三《陈范良传》）

（四）武侠

"侠以武犯禁"，可见游侠大多身具武功，或精通剑术，或强于格斗。当遇有不平时，往往可以拔刀相助，救人于危难，铲除社会上的恶势力。故而游侠又常常被人称为武侠、剑侠。可以说，武侠更加强调了游侠以武力行侠仗义的一面。

武侠的"侠"主要体现于他们能够替弱者解除危难、报复强权，也就是除暴安良，即使触犯法律也在所不辞。他们抗拒的恶势力上至暴君、贪官污吏，下至土豪劣绅、恶霸流氓。也正因为如此，游侠才能够得到广大人民群众的普遍爱戴与同情。

在封建制的古代中国，君即为天，不可违逆，而武侠身挟武功，不畏强权，敢于跟暴君作对，许多游侠将复仇之剑指向了无道昏君。晋人干宝撰写的《搜神记》中记载了不少在民间流传的历史故事。其中一则讲的是战国时吴国的干将、莫邪为楚王铸剑的故事。

吴国的能工巧匠干将和莫邪夫妻二人给邻国楚国的王铸造宝剑，用了好几年的工夫才制成。楚王因铸剑时间长而发怒，要杀死铸剑人。宝剑铸了两把，分为雌剑和雄剑。干将将要送交宝剑时，他的妻子当时怀孕就要生孩子了，干将辞别妻子说："我替楚王铸造宝剑，好多年才获得成功，楚王因为我贻误工期而发怒，我要前去送剑给他的话，他必杀死我。你如果生下的孩子是男孩，等他长大成人，告诉他说：'出门望南山，松生石头上，剑在其背中。'"随后就拿着一把雌剑前去进见楚王。楚王命人察看宝剑，发现剑原有两把，而雄剑却没有送来。楚王暴怒，当即杀死干将。莫邪生下儿子取名为赤，赤长大成人后，向自己的母亲询问父亲的情况，莫邪就将干将的嘱咐告诉了儿子。赤走出家门向南望去，不曾看见有什么山，只是看到家中堂前的石头上立有一松木，就用斧子劈开松木背后，终于得到了雄剑。于是，赤持剑前去杀楚王报仇。这一夜，楚王做噩梦，梦见有人要杀自己，大惊，遂叫来宫廷画师，依梦而画出刺客的模样，按照画像通缉，悬赏杀手的人头。楚王梦中所见果然是赤的模样，赤被四处通缉，报仇无方，便独自在山野叹气哭泣，正值一个壮士路过，向他询问哭泣的原因，赤一一回答，壮士说，如果你把头交给我，我可以替你报仇。赤相信了壮士，将报仇之事连同自己的人头以及雄剑托付给了壮士。壮士带着赤的人头进京面见楚王，献上雄剑及赤的头。打开包袱后，赤的头滚出，双眼怒视楚王，楚王十分惊恐，问壮士怎么办，壮士说："赤乃是人之英雄，带着怨气而死，心有不甘，故死不瞑目，应置大鼎于朝堂，将赤的头煮上三天三夜方可消其怨气。"三日后，赤之头没有任何变化，依然怒视楚王，楚王问壮士为什么，壮士说："此乃英雄之头，大王需要亲自行至鼎边宽慰英雄，头方能煮烂。"楚王依言行至鼎边，出言宽慰，赤之头仍然怒视楚王，楚王恐惧，回头欲问壮士何故，但见壮士持剑跳起暴喝："大王的头陪他一起煮，他便死而瞑目了。"语音未落，壮士砍下楚王的头颅，王头落入鼎中，卫兵将壮士团团围住要杀死他，壮士言道："不劳烦各位。"于是自刎而死，头亦投入鼎中，百官围观，三头俱烂，无法辨认。百官想安葬楚王，却无法区分三个人头，于是请教当时的名士，名士说，赤与壮士都是英雄，将他们三个头葬一起吧。于是三个头被合葬，后称"三王墓"。

这个故事在《列士传》、《吴越春秋》、《越绝书》、《博物志》、《列异传》等书中也有记载。据说现河南汝阳和孝镇纪桥村西有座大墓冢，就是这座"三王墓"所在地。

这则历史故事的主人公是一位勇敢无畏的武侠，为了铲除无道暴君，不畏牺牲，不惧艰险。尽管楚王不可一世，他却敢于承担起报仇的重任，为了达到复仇的目的，他采取的手段又是极端的，甚至有些不近人情的冷酷。但为达目的不择手段确实是众多武侠信守的原则，如荆轲为刺秦王，亲自游说，令秦王的仇人樊於期献上了自己的项上人头；要离为刺庆忌，令吴王斩断自己的手臂，杀掉自己的妻儿，以便接近谋杀对象。对这些游侠来说，复仇目的的达成永远高于对道德评判的关注。

古代社会，不只帝王可以凭借其至高无上的权力杀戮无辜，一些达官显贵、恶霸豪强也常常凭借权势和财力奴役百姓，欺压良弱，他们也是武侠铲除和抗衡的对象。明冯梦龙的《情史·情侠类》记录有这样一个故事：唐代吕用之在维扬（今江苏扬州）时，成为当时渤海王擅权害人的帮凶。中和四年（公元884年）秋，有商人刘损，携家小乘船从江夏来到扬州。吕用之见刘妻裴氏国色天香，便罗织罪名将刘损下狱，霸占了裴氏。刘损献黄金百两才得以免罪，心中忧愤不已，遂作四愁诗抒发内心不平。一日晚，刘损正临窗吟诵所作诗篇，声音哀楚。见河街上一位虬须老叟，相貌奇伟，目光夺人，健步而来，跃入船中，问刘损有何不平之事。刘损讲了事情经过，虬须叟答应为刘损取回妻室。刘损知道自己遇到了侠客，便道："长者能报人间不平，何不去蔓除根，而容奸党横行！"虬须叟说："吕用之屠割生民，神人共怒，他的大难还在后面。"于是入吕用之家，化形叱责吕用之的罪行，令他退还刘氏之妻，警告他，倘若再贪人财色，必定让其头随刀落。吕用之吓得不住叩头，连夜派人将裴氏和黄金送还刘氏。

虬须叟虽然没杀吕用之，但仍以自己的武功令吕用之胆寒。冯梦龙在《情史》篇末言道："呜呼，世间欺心薄德之徒，横行无忌，吾安得此虬须叟，家至而户悦之也！"他说出了广大民众内心对武侠的期盼与崇敬。

明代流行献产恶习，实际上是土豪恶霸借助自己的势力掳掠穷弱百姓田产的一种障人耳目的说法。嘉靖年间，在青浦（今属上海市）县，有位名叫周星卿的侠者曾靠武勇阻止了一次恶霸豪绅对田产的侵夺。据明李诩《戒庵漫笔》记载，当时青浦有一寡妇薄有资产，其子年幼，她的侄子便勾结豪强将她的产业献出去。周星卿深为不平，纠集一批身强力壮的人与前来受田的豪强打斗起来，将其赶跑。豪强告到县衙，正遇一位颇为公道的县令韩某，公平地断了这个案子，保护了寡妇与幼儿的资产。《中国风俗史》的作者张亮采在引述了这个故事后感慨道："此一家独为所救，而不得直者不知有几何。"正因为这种以强凌弱的不公现象普遍存在，勇于除暴安良、保护弱小的武侠自然成为弱小百姓渴盼的"及时雨"，深受广大民众的期许和推崇。

（五）豪侠

游侠的一个特性是"立气齐，作威福，结私交，以立强于世"（荀悦《汉纪》卷十《孝武一》），这使他们极易带上豪强色彩。游侠中有一类人利用侠者的名义，凭借任侠手段来威慑一方，插足地方政务，以下犯上；他们在自己的周围聚集起一个游侠群体，并靠这个群体的势力在某个区域内行使生杀予夺的权力，作威作福。更有甚者，还会利用这种势力为害乡党，欺压百姓。这类侠者可称为豪侠。豪侠与恶霸暴豪之间有些灰色地带，有时难以辨清。有些豪侠行事十分残暴，酷似恶霸豪强；而恶霸豪强在形成势力之初，或当他们需要笼络民心时，也常会有一些慷慨施舍、主持公正的侠举。但豪侠和恶霸豪强毕竟不可同日而语，恶霸豪强欺男霸女、鱼肉百姓、杀戮无辜的行为正是游侠所不耻和致力于打击的。即便某些豪侠有些恶习和暴虐性情，也必须时时自我抑制，否则，他们侠者的声誉就会受到影响而失去民心。

早期的游侠郭解就已微露豪侠端倪。史书上说他"其阴贼著于心，卒发于睚眦如故"，每逢有人得罪了他，便会有人替他报复，使得当地百姓都畏惧他，他在路上行走时，大家都不得不避让。他还常常出面处理乡间的一些纠纷和事务，权势已经超过当地官方政治力量。元朔二年（公元前127年），朝廷要将各郡国的豪富人家迁往茂陵居住，郭解家贫，不符合资财三百万的迁转标准，但轵人杨季主的儿子当县掾，将郭解列入迁徙名单。大将军卫青为其辩解，反倒激怒汉武帝，郭解不得不迁移到关中。郭解的门下为此展开一系列报复性杀戮活动，杀死了多个与此事牵联的人。其中有个儒生因为在前来查办郭解案件的使者面前说了句："郭解专爱做奸邪犯法的事，怎能说他是贤人呢？"郭解门客就杀了这个儒生，割下他的舌头。这一系列报复性杀戮虽极有可能并非由郭解授意，有些他并不知情，有些杀手他并不认识，也无须认识，但正如后来办案的酷吏公孙弘所说："郭解以平民身份任侠，玩弄权诈之术，因为小事而杀人，郭解自己虽然不知道，这个罪过比他自己杀人还严重。"郭解因此被判大逆不道，灭了族。

豪侠的势力之大让他们可以拥有与其身份不相称的威望。西汉末期的豪侠陈遵由于打击槐里一带的大盗贼赵朋、霍鸿等有功，被封为嘉威侯。他住在长安城中，所有列侯、近臣、贵戚都很看重他。凡是到任的郡县官，以及郡国豪杰到京师来的，没有不到陈遵门下拜访的。

陈遵对别人每有请求，大家都不敢拒绝他，所到之处，社会上的名流都唯恐怠慢了他。当时有一位和陈遵同姓同名的人，每当他走访到别人门前时便会通报道"陈孟公到"，于是座中人都会起身相迎，等他进了门，人们才发现这不是那个"陈孟公"，因此这人就被人称作"陈惊座"。

豪侠以所在区域为界，划分出各自的势力范围。在他们身边，聚集着一大批游侠，唯其马首是瞻。但豪侠又区别于卿相之侠，因为他们出身低微，大多数是布衣闾巷中人，仅有少数得到过一官半职。在西汉，豪侠势力因汉初的休养生息政策而迅速衍生，"长安炽盛，街闾各有豪侠"，其中"北道姚氏，西道诸杜，南道仇景，东道赵佗、羽公子，南阳赵调"等，在当时都势盛一时。随后，由于中央政府的打击，豪侠势力受到遏制。直至西汉末期的哀平年间（公元前 6 年—公元 5 年），皇权旁落，外戚势力极度膨胀，养士之风盛行，民间的布衣之侠也由此坐大，豪侠又一次从布衣之侠中兴起。

豪侠与权贵结交是其增强权势的一种路径。他们通过投其所好攀附权贵，走上层路线，并力图挤入上层社会。长安豪侠万章，人称"城西万子夏"，专一结交汉元帝宠臣宦官石显，石显后来失势返乡，临走还要把财物留赠万章。

也有豪侠凭借自己的势力和声望对一些游侠、刺客提供保护，使这些人更加死心塌地跟从自己。据《汉书·游侠传》记载："（万）章及箭张回、酒市赵君都、贾子光，皆长安名豪，报仇怨养刺客者也。"豪侠原涉门下"刺客如云"，一些杀人犯奸之徒都匿身于其门下。其他豪侠也多有这种现象。史书记载，自汉哀帝、平帝年间，郡国处处都有豪杰之士，然而数量却无法统计。其中闻名于州郡的，有霸陵的杜君敖、池阳的韩幼孺、马领的绣君宾、西河的漕中叔等，他们都有谦逊礼让的风尚。这些人物都是当时的豪侠。王莽摄政后，要杀尽除光豪侠之士，指名捉捕漕中叔，却没有逮到。漕中叔一向与强弩将军孙建亲善，王莽怀疑孙建窝藏了他，就询问孙建藏了没有。孙建说："臣下我与漕中叔亲善，杀了我足以顶替他了。"王莽虽然性情狭隘，毫无容忍之心，但很重视孙建，便不再追问，最终没有捉到漕中叔。

原涉是西汉末期著名豪侠。原涉的祖父在汉武帝时以豪杰的身份从阳翟县迁徙来到茂陵。他的父亲在汉哀帝时做了南阳郡太守。那时，天下富足，大郡太守死在任上的，所收到别人送来助办丧事的钱财都在千万以上，家属全数得到这笔钱，便可以用来置办产业。而当时又很少有人能够为死者守丧三年的。到了原涉父亲死后，原涉不仅退还了南阳郡人赠送的助丧钱财，还住进冢庐，为父亲守丧三年，因此他在京城就出了名。守丧礼刚一完毕，请他去做郡府议曹的使者蜂拥而至，仰慕他的士大夫也络绎不绝前来拜望。由于受到大司徒史丹的推荐，说他有处理繁难事务的才干，原涉便当上了谷口县令，那时他年仅二十多岁。谷口县人早就听到过原涉的名声，所以不需要他开口发令，地方上就已经一派井然了。

原涉自以为从前退还了南阳人送来的助葬礼金和物品，固然获取了名声，但这却使父亲的坟墓简陋异常，而有失孝道。于是他便大修坟墓。并在墓旁建筑房舍，在阁楼四周建造重门。当初武帝时，京兆尹曹氏安葬在茂陵，人们都称他的墓道为"京兆仟"。原涉羡慕它，就买地开墓道，建立表帜，题署为"南阳仟"，人们不肯跟着这样叫，就称之为"原氏仟"。这一切的费用都依靠有钱有势的人供给。

　　原涉的宾客多有犯法的，朝廷也多次听说他们的罪行。王莽几次拘捕并要杀掉这些人，但又总是把他们赦免释放了。原涉很害怕，便谋求到卿府去做属官，想借此回避宾客。正逢文母太后的丧事，原涉临时充任了复土校尉。后来做了中郎，不久又被免官。原涉想到冢舍去住，不想会见宾客，只与老朋友秘密约会。因此，原涉独自驾车去了茂陵，天快黑时，进入里巷住宅，之后就藏在家里不肯见人。

　　一天，原涉派奴仆到集市上去买肉，奴仆仗着原涉的气焰，与卖肉的争吵起来，并砍伤了卖肉者，然后逃跑了。当时，代行茂陵县令的尹公新上任，而原涉却没去拜会，尹公知道后大为恼怒。他深知原涉是有名的豪侠，就想借这件事来显示威严，严肃风纪。他派了两个差役守候在原涉的家门两侧。到了中午时分，见买肉的那个奴仆还不出来，差役就想杀掉原涉而去。原涉处境窘迫，不知该怎么办才好，正巧之前他所约好的要一同上坟的友人乘着几十辆车到了，他们都是当地的豪杰，便一起去劝说尹公。尹公不听劝说，豪杰们便说："原巨先的家奴犯了法，不能缉拿归案，那就让原巨先本人脱衣自缚，双耳插箭，到官门前来谢罪吧，这样对于维护您的威望也就足够了。"尹公这才答应。于是，原涉照着豪杰们所说的办法去谢罪，尹公让他穿上衣服回家去了。

当初，原涉与新丰的富豪祁太伯是朋友，而太伯的同母弟弟王游公却一向嫉恨原涉。王游公这时在县府做属官，就向尹公进言道："您凭着一个代理县令就如此羞辱原涉，一旦正式县令到任，您依旧驾着单车回郡府去做府吏，而原涉的宾客朋友中刺客如云，杀了人都不知是谁干的，我真为您担心。原涉修筑坟墓和房舍，奢侈过分，超越了法制，罪恶显著，这些皇帝也都知道。现在为您着想，不如把原涉修筑的坟墓和房屋捣毁，然后将他以往的罪恶分条上奏，您就一定会做得成正式县令。这样一来，原涉也就不敢怀恨了。"尹公照着他的计谋行事，王莽果真任命尹公做了正式县令。原涉因此而怨恨王游公，便挑选宾客，让长子原初领着二十乘车去抢劫王游公的家。王游公的母亲也就是祁太伯的母亲，宾客们见到她都俯首跪拜，并传原涉的话说："不得惊动祁夫人。"于是杀死了王游公和他的生父，把二人的头割下来，然后离去。史书记述原涉的性情有一些像郭解，外表温和仁厚谦逊，内中却藏着好杀之心，在社会上多有怨恨，因触犯他而被他杀死的人很多。王莽末年，东方起兵反叛，有许多王府的子弟向王莽推荐原涉，称他能笼络人心，大家都乐于为他卖命，可以任用。王莽于是召见原涉，因他所犯的罪恶而责备他，接着又赦免了他，并任命他为镇戎大尹。原涉到任不久，长安兵败，附近郡县的一些豪强假借名号纷纷起兵，攻杀郡守长官，响应汉军。那些假借名号者早就听说原涉的大名，便都争相打听原涉的住处，前往拜见。当时王莽任用的州牧和使者凡是依附原涉的也都保全了性命。原涉被他们用驿车送到长安，更始帝的西屏将军申屠建请求原涉与他相见，对原涉大为器重。曾经捣毁原涉坟墓房舍的那个原茂陵县令尹公，现在做了申屠建的主簿。原涉本已不再仇视尹公，当他从申屠建的官府出来时，尹公故意迎上去拦住拜见原涉，对原涉说："改朝换代啦，不应当再怀着怨恨了！"原涉说："尹君，你为何专把我当成鱼肉任意宰割啊！"原涉因此而被激怒，派宾客去刺杀了主簿尹公。

原涉所体现出的豪侠的双面人格十分显著。他们一方面为人侠义，敢于藏盗匿奸、保护孤弱，另一方面也交结官府、攀附权贵、为患百姓。他们对法治的破坏尤为严重，睚眦必报，好勇斗狠，蔑视官府权威，在特定时期成为权力阶层利用的对象，但也无时不是统治阶层忌惮的一方。此外，在豪侠形成势力之后，也会给普通百姓造成威压。故而，豪侠终将成为官府打击的对象，并失掉百姓的拥戴。

（六）轻侠

《汉书·游侠传》中提到，有人曾劝游侠原涉说："子本吏二千石之世，结发自修，以行丧推财礼让为名，正复雠取仇，犹不失仁义，何故遂自放纵，为轻侠之徒乎？"《三国志·吴志·凌统传》说凌统"轻侠有胆气"，《北史·卢叔彪传》说卢"豪率轻侠"，《魏书·薛安都传》说薛"少骁勇，善骑射，颇结轻侠"。可见，所谓"轻侠"是对游侠中行为放荡、好勇斗狠而又年轻气盛的少年人的称谓，即主要指一些少年游侠。司马迁在《史记·货殖列传》中曾言及这类游侠："闾巷少年，攻剽椎埋，劫人作奸，掘冢铸币，任侠并兼，借交报仇，篡逐幽隐，不避法禁。"概括了这些轻侠少年打架斗殴、绑架劫掠、偷盗墓穴、私铸钱币、替人报仇、藏匿凶犯等违法乱纪的行为。在封建专制制度日益完善、法令日趋严密的情况下，社会阶层趋于固定，成年人大多进入社会常态序列，成家立业，为官务农，经营谋生，只有少年还在为加入社会进行准备。在唐代正式实行科考制度前，社会的官僚体系主要依靠举荐补充人才，社会上层子弟依赖荐察制获得取得仕途的保障，社会下层子弟则少有仕进之途。所谓"上品无寒门，下品无士族"，大部分少年人处于生活无定，无家无业，无拘无束的状态，社会上流阶层的子弟衣食无忧，社会底层的年轻人希望栖身于豪侠之门获得晋身门路。这些少年人较之其他人更有可能聚集起来，也较易目无法纪、铤而走险，故而成为常态社会中最易演变为游侠的一支力量。

秦汉时期名将季布的弟弟季心就是一位有名的轻侠少年。他"气盖关中，遇人恭谨，为任侠，方数千里，士皆争为之死"，以致其他轻侠少年常常冒充他的名号行事。(《史记·季布栾布列传》)

汉以后，史书中记载的轻侠少年多为少年时期的开国军将。其中，三国时期的吴国名将甘宁年少时是一伙儿轻侠少年的头领，他"少有气力，好游侠"。但他不务正业，常聚合一伙轻薄少年，自任首领。他们成群结队，携弓带箭，头插鸟羽，身佩铃铛，四处游来荡去。当时，百姓一听铃响，便知是甘宁这帮人到了。时人以"锦帆贼"称呼他们。

甘宁在巴郡之中，轻侠杀人，藏舍亡命，大有名声。他一出一入，威风煊赫。步行则陈列车骑，水行则连接轻舟。侍从之人，披服锦绣，走到哪里，哪里光彩斐然。停留时，常用锦绣维系舟船，离开时，又把锦绣割断抛弃，以显示其富有奢侈。

所在城邑的地方官员或那些跟他相与交往之人，如果对他们隆重地接待，甘宁便倾心相交，可以为他赴汤蹈火；如果礼节不隆，甘宁便放纵手下抢掠对方资财，甚至贼害官府长吏。这种情况，一直持续到他二十多岁。(《三国志·吴书·甘宁传》)

这一时期的史籍中还记载了其他一些少年轻侠的行迹，如扬州"多轻侠狡桀，有郑宝、张多、许乾之属，各拥部曲"(《三国志·魏志·刘晔传》)，临淮鲁肃，"携老弱将轻侠少年百余人"(《三国志·吴志·鲁肃传》)等，可见，这一时期的轻侠少年行事已接近绿林强盗。他们聚集在一起，无视法令和当时的政权吏治，顺我者昌，逆我者亡，破坏杀伤力极强。在朝代更迭的乱世，他们也会顺势投身到一些政治和军事集团中，成为其中重要的军事力量。

"新丰美酒斗十千，咸阳游侠多少年。相逢意气为君饮，系马高楼垂柳边。"(王维《少年行》)王维的这首诗形象地描绘了隋唐时期的轻侠少年成群结伙到酒楼纵饮和放荡不羁的画面。而且，从这一时期以《少年行》为题的诗歌非常盛行的现象，也可看到隋唐时期轻侠少年又成了十分活跃的社会分子。这些京都侠少结朋联党，锦衣玉食，风流放浪，过着纸醉金迷的放荡生活。在饮酒作乐之余的行侠也只限于为朋友两肋插刀式的报复行为，游侠除暴安良的本色已不多见。

由于轻侠少年的思想有未成熟的一面，故而他们的发展路径和行为走向就有着多种可能性。诸如郭解、季心等人，即由少年轻侠成长为赫赫有名的大侠；另有一些少年任侠之人，后来在大动荡的历史年代激流勇进，成为一代开国元勋，如曹操等人；此外，也有的少年轻侠被官府纳入统治集团的麾下，成为统治者剿杀游侠的帮凶；另有轻侠为求功名，成为"慷慨赴国难"的猛士。亦有人少年时是一方著名的游侠，年长以后，就收敛放浪行为，想步入仕途，在政治上有所作为。由于怀才不遇，一直无法实现政治抱负，晚年竟然隐居深山，成了看破红尘、与世无争的隐士。苏轼《方山子传》中的主人公方山子，就是这样一个人。

方山子名慥（zào），字季常，是苏轼的朋友。他年少时，喜酒好剑，用财如粪土，成为当地游侠的首领。壮年时，他一改以往的为人，用功读书，想靠读书做官，在政治上有所作为，却始终怀才不遇。晚年的方山子看破世事，隐居在光州（治所在今河南潢川）、黄州（治所在今湖北黄冈）一带的山里，成了与世无争的隐士。

当然，流入盗薮的轻侠少年亦不在少数。《清稗类钞·技勇类》中一则故事记述了当时的三位少年轻侠的故事：衡阳人夏朝衡是位性情侠义的商人，一次在经商归来途中，遇到一艘遭海盗抢劫的客舱，船中男男女女正号哭不止。夏朝衡十分同情他们，就拿出百金相助。同船有三位少年人，很为夏朝衡的行为叹服，向他询问名姓，并向他致意。半夜时，一群海盗拦住客船指名要找夏朝衡，扬言："劫船的人是我们的同伙。你们船上有个大商人既然拿出百金给大家，其余的钱就该尽数交给我们。"夏朝衡十分惊恐，这时，三位少年站出来，各自挥动刀杖，海盗被制服了，乞求三位少年放他们离开。夏朝衡忙向三位少年道谢，问他们姓名，他们则笑而不答；用金子向他们表示谢意，他们也笑而不纳。他们说："我们也是强盗。敬重您侠义的行为，故此转而保护您。"分手后不久，三位少年又找到夏朝衡，表示很为做强盗而耻辱，要跟从夏朝衡，改邪归正，自食其力。几年后，三个少年分别娶妻生子，这时夏朝衡才知道这三人中一位姓王，另两位姓刘。

　　这个故事中的三位少年即属我们所称的轻侠。三人因为时遇不济被迫流入绿林为盗，做一些劫人财物的勾当。但他们侠性未泯，在夏朝衡仗义任侠的行为感召下幡然悔悟，浪子回头。他们的转变印证了轻侠少年的不定性和可变性的特点。

　　如果不能很好地引导或者利用轻侠少年这股力量，则会给社会的稳定带来安全隐患，因此，轻侠少年也是地方治理的重要方面。据《汉书·酷吏传》记载，汉成帝永始、元延年间（公元前16—前8年），曾有过一次以轻侠少年为主要打击对象的围剿，这次打击手段十分残忍，足可证明统治者对轻侠的恼恨。这段历史，将在后文中详述。

（七）盗侠

　　盗贼固然为害百姓，扰乱社会，常常是游侠诛除的对象。许多游侠正是在同盗匪的斗争中，成就他们除暴安良的侠义之举。但在古代的中国社会，不少盗贼都是因为不满统治者的压迫，或迫于生计被逼上梁山的。有些被称为"盗贼"的实际就是因行侠仗义而违犯法令，不得已进入绿林社会的侠客。这些人即使沦为匪盗，仍会坚持侠义的信念，杀富济贫，很少骚扰平民百姓，因此，历史上有许多人对侠义之盗是取赞赏态度的。许多野史、笔记都专有"盗侠"一类人的有关轶事，以侠盗为原型的小说如《水浒传》等也广受欢迎。明陈子龙《平内盗议》对盗侠有所议论："间谍见获，率多吐实，以祈缓僇，或重赏结之，反为我用。今所获者，每闭目请死，卒不得其纤毫之情，是亦盗侠也。"陈子龙认为盗侠是"盗"中有信念、不为金钱所动、不畏惧死亡的义士。

据说，唐太宗时柴绍的弟弟有飞檐走壁的本领，时人称之为"壁龙"，并因此受到唐太宗的注意。唐太宗为了试探他的本领，特命他到长孙无忌府中去偷马鞍。事先又让长孙无忌严加防范。这天夜里，长孙无忌带领侍卫严密守卫，丝毫不敢懈怠。三更时，忽见一物像鸟一样飞进宅中，割走了马上双鞍。无忌令家丁追赶，柴绍弟早已不见踪影。

唐太宗又让柴绍弟去盗丹阳公主卧房中的镂金函枕。当夜，柴绍弟飞入丹阳公主内房，见丹阳公主正在睡觉，就将一点灰土洒在公主脸上，公主一惊，抬头察看，柴绍弟趁机用另一枕头换下了公主头下的镂金函枕。公主直到第二天早晨才发现玉枕被人盗走。

唐太宗见柴绍弟果然功夫神奇，又怕他在京城惹事，就放他到外地做官去了。（张鷟〔zhuó〕《朝野金载》）

虽然故事中并没有柴绍弟行侠仗义的事迹，但柴绍弟身怀绝技，却并不扰乱社会，应当算是个盗侠了。

《玉堂闲话》中记载的一名强盗，其行为更具侠义性。唐光启到大顺年间（公元 885—891 年），褒中（今陕西勉县东北）地区有个专掘冢墓的盗贼，为患日久，无法捕获，各级官吏惧受责难。忽一日抓到一人，经过严刑拷打，被迫招认自己就是盗墓贼，还供出了几个同伙，狱吏们都觉得这件事终于了结了。临刑那天，忽有一人从旁边挥动衣袖大声呼叫："王法岂容滥杀无辜？盗墓人是我。我每天躲在众人中，没被你们抓住。那人有什么罪，却要杀了他？快放了他！"随后，这人又取出埋在土丘里的赃物，狱吏们一检验，果然是冢墓中的东西。但那个被判刑的人出具的赃物，也与墓中所失东西一样。藩镇主帅亲自审问，那人回答说："虽自知没犯这个罪，但经不起拷打，就让亲人伪造了这些赃物，希望被处死。"主帅大惊，上报朝廷，将狱吏治罪，放了被冤枉的人，又给那位盗侠补了个衙吏之职，还重赏了他。

这个盗贼不忍累及无辜，挺身而出，保护无辜受冤枉的普通人，连自己的性命也在所不惜，的确是位侠义的盗贼。

像这种侠义行事的"盗贼"还有许多，也有的侠盗惩治贪官污吏、恶霸流氓，保护孤弱，名扬一时，事迹受到百姓的传颂。前面提到的"义贼"苗喜凤，独行大盗白胜，都是这种侠盗。

懒龙，是明代嘉靖年间（公元 1522—1566 年）苏州巨盗。他轻财尚义，常劫富济贫，惩戒贪官污吏。他作案后，往往在现场留有一枝梅作为记号。一次，他盗取某巨商金银时，误入一贫家，见这家夫妻二人因借债无力偿还，正上吊寻死。懒龙大为同情，立即将盗得的银两赠予这对夫妻。当时的无锡县令十分贪婪，大肆搜刮民财，懒龙夜入县衙盗走银箱，还留下一枝梅的记号，警告县令收敛恶行。但县令竟对他穷究不舍，于是懒龙又进入县令住所，割下县令小妾的发髻放在县令印匣中，吓得县令收回成命，不敢再作恶了。（《二刻拍案惊奇》卷三九）此事虽出于传奇，但懒龙的事迹在社会上流传很广，其人其事或有依据。

清代有史记载的一位盗侠是嘉庆年间（公元1796—1820年）粤东海盗郭婆带。郭婆带是个性情豪放、艺勇超群的绿林盗魁。他率领数十艘船只在海上劫掠商旅，虽经官兵多次剿捕，终不能抓获。但他十分尊重文人学士，命手下人见文士则不许骚扰，反加以保护。遇有寒士，还赠以钱物，称得上是个奇盗。

（八）隐侠

隐侠指的是那些隐迹在江湖中，偶露行迹的侠义之士；或是一些隐姓埋名、深藏武功、生活在平民百姓中间，偶尔展露雄姿的侠士。

前述战国时帮助信陵君窃符救赵的侯嬴就是一位生活在市井间的隐侠。他虽有勇有谋，是一位大侠者，又深得信陵君的敬重，但他仍旧甘当一位守城门的人，不去过富贵生活。最后为解救赵国之围，抵抗强暴的秦国入侵，他才站出来替信陵君谋划，并以死激励信陵君不惜任何代价也要解救赵国。侯嬴推荐给信陵君击杀晋鄙的朱亥也是一位隐侠。信陵君得知朱亥是一位隐居在市集做屠夫的贤士后，曾多次前往拜访朱亥，但朱亥屡次拒绝回拜答谢，信陵君觉得他是个怪人。但是，当信陵君听从侯嬴建议，请求朱亥一同前往救赵时，朱亥立刻答应了，他对信陵君说："我不过是市场上挥刀杀牲的屠夫，可是公子竟多次登门问候我，我之所以不回答报酬您，是因为我觉得小礼小节无甚大用。如今公子有了急难，这就是我为您杀身效命的时候了。"随后，他与信陵君一同上路。行至晋鄙军中，晋鄙果然不肯轻易交出兵权，于是，朱亥取出袖中藏着的四十斤重的铁锤，一锤砸死了晋鄙，信陵君这才接管了晋鄙的军队。信陵君不愧是知人善任、礼贤下士的卿相之侠，他以自己的贤德吸引到众多侠士的追随，其中的隐侠也多有人在。客居赵国时，信陵君听说赵国有两个有才有德而没有从政的人，一位是藏身于赌徒中的毛公，一位是隐迹在酒肆里的薛公，便很想见见这两个人，可是这两个人躲了起来不肯见他。信陵君打听到他们的藏身地址，就悄悄地步行去同这两个人交往，三人相见甚欢，相互引为知己。事实也证明信陵君从与隐侠的交往中获益匪浅，当信陵君因担心魏王猜忌，不肯回国领兵抗秦，其他人都不敢冒死规劝，这时毛公、薛公去见信陵君，对他晓以大义，劝他说："公子所以在赵国备受敬重，名扬诸侯，只是因为有魏国的存在啊。如今秦国进攻魏国，魏国危急而公子毫不顾念，假使秦国攻破大梁而把您先祖的宗庙夷平，公子还有什么脸面活在世上呢？"信陵君幡然醒悟，立即返回魏国与魏王冰释前嫌，做了军队统帅，联合其他诸侯国一举打败秦军，信陵君又一次名震天下。

显然，信陵君这样的贤德卿相在后代并不多见，因此，后世也少有隐侠能够实现他们得遇明主，济世救民的夙愿。他们的名字如果没能够与历史上的重要人物、重大事件相联系，就只有湮灭不见的命运。苏轼《方山子传》记载了北宋时期一位隐侠的事迹。方山子，是苏轼的一个故友。本名陈慥，是光州、黄州一带的隐士。他出身于世代功勋之家，原本家在洛阳，家中园林宅舍雄伟富丽，富比公侯。他家在河北一带还有田地，每年可得上千匹的丝帛收入，这些也足以使生活富裕安乐。年轻时的陈慥仰慕汉代游侠朱家、郭解的品行，酗酒任性，喜欢使剑，挥金如土，乡里的游侠之士都推崇他。年岁稍长，陈慥改变志趣，发奋读书，想以此来名显当代，但是一直没有交上好运，未能进入仕途。到了晚年，陈慥隐居在光州、黄州一带名叫岐亭（在今湖北麻城）的地方，住茅草屋，吃素食，不与社会各界来往。放弃坐车骑马，毁坏书生衣帽，徒步在山里往还。当地没有人认识他，人们见他戴的帽子上面方方的且又很高，就说："这不就是古代乐师戴的方山冠遗留下来的样子吗？"因此就称他为"方山子"。

苏轼因贬官居住在黄州，有一次经过岐亭时，正巧碰见了方山子。苏轼惊奇地说："哎，这是我的老朋友陈慥陈季常呀，你怎么会在这里呢？"方山子也很惊讶，问苏轼到这里来的原因。得知苏轼贬官的原因后，他低头不语，继而仰天大笑，表现得十分豁达。方山子请苏轼住到他家去。他的家里四壁萧条，然而他的妻子儿女和奴仆都显出怡然自得的样子。

明人宋懋澄所撰《九籥（yuè）集》卷十有一篇《侠客》，叙述了一位侠客的故事：有位士人被选任黔中别驾的官职，携家眷前去赴任，途中不幸病故。傍晚，他的妻子正在船中痛哭，忽有一壮士闻声跳到船上，询问原委。士人妻据实回答。那人对女子说："千万别再哭了，我会替你丈夫前去做官。"并指天画地，发誓没有非分之想。士人妻无奈，只有听之而已。

这人买棺材将死者安葬在芦苇间，带着士人妻赴任。三年过去，上下都称此人为官公正廉明，做了不少造福于百姓的事。一天，他带人经过街市，忽有一人叫他王十三，他不觉应声回头。回到衙中，壮士对士人妻说："事情败露了，若不离开，就会大祸临头。"急令内外称此官重病去世。将所存两千黄金都留给士人妻，自己趁夜深脱身而去。临行之前，他叮嘱士人妻，让她在棺材里放上石块，发丧以后，尽快离开。士人妻按他所嘱，发丧后，启程返乡。

后来得知，此人早年在家乡以侠义闻名，因事流落他乡，又隐姓埋名。他与士人妻假扮夫妻三年，"三年未尝一面，二女依然处子"，不仅与士人妻保持距离，对她的两个女儿也秋毫无范。丝毫不肯乘人之危。为官期间，又很贤明，得到上下交口相赞。在被人识破，不得不逃走前，还把居官所得钱帛全部交给士人妻，并为其想好退路。这位隐姓埋名、替人为官的侠客就是一位隐侠。

清嘉庆年间（公元 1796—1820 年），淮安有个叫周海门的人，无人知他从何而来。他只身一人在当地经商，不到十年而成巨富，他招纳食客有千人之多，又交通权贵，周济贫寒之人，为众人所称道。

一天，周海门与众宾客一同饮酒赏花，纵论古今豪俊。

一位新近来自南方的少年谈到一个绰号"白兰花"的大侠的故事：这位侠客平日行踪不定，无人知他姓甚名谁，他每次行侠，必留白兰花一朵，故而人称白兰花。嘉庆十五年（公元1810年），广东东江发大水，官府不肯赈济灾民，富豪也不肯捐资济贫。白兰花夜间劫走募捐名册，三日后归还。此后，极吝啬的豪富亦有捐赠，人们都说这些人都受到了白兰花的警告。因此，白兰花名声大振，那些富家大户，夜间常无故自惊。白兰花还常常惩治贪官污吏。有个将军奉命剿杀海寇，却终日在战舰上饮宴狎妓。一天早上，忽见桌案上有束白兰花，官印上已被另外刻上"粉侯"二字，此人大惊，忙收敛恶行。一次，有位钦差到广东巡视，夜间却被剪了辫子，枕边还放了一束白兰花。钦差恼羞成怒，命总督严加缉捕。总督无奈，另抓了一个犯人冒充白兰花，想杀了向钦差交差。临刑时，观者成千上万，忽见一壮汉走进刑场，说自己是白兰花。总督放了假白兰花，将真白兰花用布包了十几层，又用铁丝捆扎结实，以防逃走。第二天押至刑场，打开一看，被缚者竟换成了狱卒，白兰花早已不见踪影。后来，广东总督易任，新总督施行仁政，政通民和，白兰花也辞别而去，三十年未尝露过一面。

少年讲完，众人都称奇叹服。宴罢客散，少年将罗浮山一僧托他转给周海门的书信呈交周海门。周海门见信后，即将家产尽交少年，称："我师召我往白云深处。"于是携女骑骡寻师而去。

十年之后，黄河决口。少年捐出周海门家产筑堤堵口，合龙之日，一破衣旧袜之客携少年踏浪而去。后来得知，周海门就是隐姓埋名的大侠"白兰花"。

这个传说出自小横香室主人编《清朝野史大观》。虽然踏浪而去有些荒诞不经，但白兰花的其他事迹大多真实可信。白兰花隐迹民间数十年，默默地行侠仗义，也是一位品行高尚的隐侠。

清末，有位替人传递银信的人在龙潭西乡被劫掠一空。他走了十余里后投宿到一个客店，闭门而泣。不久来了一个操北方口音的游方僧，僧人向他问明了情况，十分气愤，发誓要为他夺回财物。过了约一顿饭的工夫，僧人从房上下来，归还了被劫者的银钱，并称自己已将贼人打得跪地而拜。说毕，不留名姓，悄然不见。（吴友如《点石斋画报》）

（九）巾帼女侠

世界是由两性组成的，但在中国古代社会中，女性的地位一直较为卑下，历史也似乎只是由那些男性帝王将相的活动所谱写，女性在社会生活中的作用极少得到承认和展现。而在游侠世界中，情况则有所不同，女性在这个世界中超乎寻常地得到了应有的尊重。女性游侠与男性游侠一样性格坚强，行事果决，武功高超，重义轻利。她们敢爱、敢恨、敢哭、敢笑，自由、勇敢、泼辣、多情，风姿各异，充分地展现了女性被封建社会所压抑和禁锢的美德与能量。

有史记载的最早的一位女侠应数汉代赵晔《吴越春秋》中的越处女。据说越王曾向她请教击剑之术。她还帮助越王训练军队，洗雪国耻，可见其不仅剑术超群，且心存爱国之志，抱负极为远大。

侠女之侠，并不一定体现在她们有一身惊人的武功和超人的能量上，更主要的则在于她们具有无畏的牺牲精神，为了信仰，为了正义，为了所爱的人，不惜牺牲自己的生命，慷慨赴死，义无反顾；在于她们知恩图报，有着强烈的同情心，肯于给予弱者以无私的帮助；在于她们对恶势力极端仇恨，敢于挺身而出抗拒邪恶。唐代著名诗人李白的诗《东海有勇妇》，可以作为对巾帼女侠当之无愧的颂歌：

梁山感杞妻，恸哭为之倾。
金石忽暂开，都由激深情。
东海有勇妇，何惭苏子卿？
学剑越处子，超腾若流星。
捐躯报夫仇，万死不顾生。
白刃耀素雪，苍天感精诚。
十步两躩（jué）跃，三呼一交兵。
斩首掉国门，蹴踏五藏行。
豁此伉俪愤，粲然大义明。
北海李使君，飞章奏天庭。
舍罪警风俗，流芳播沧瀛。
名在列女籍，竹帛已光荣。
淳于免诏狱，汉主为缇萦。
津妾一棹歌，脱父于严刑。
十子若不肖，不如一女英。

豫让斩空衣，有心竟无成。

要离杀庆忌，壮夫所素轻。

妻子亦何辜？焚之买虚声。

岂如东海妇，事立独扬名！

在这首诗中，侠义豪放的李白歌颂了他同时代的一位勇敢、坚毅的侠女，即东海勇妇为夫复仇，手刃仇人的事迹。这位东海勇妇的丈夫被仇人杀害，为报夫仇，她拜师越女剑的传人学习剑法，腾挪跳跃，身形快如流星。学成后，她抱定必死的信念与仇人交战，只见她手执雪刃，十步两跃，三呼一击地与仇人搏斗，最后将仇人之头，高悬于城门之上；将仇人之肠肺，踏在脚下。之后，她投案自首，慷慨赴死。东海勇妇的事迹感动了当地的百姓，也打动了当地的官员北海的李使君，即北海太守李邕，李邕将此事上奏朝廷，朝廷下旨免了东海勇妇的罪，希望以此提升社会的道德风尚。东海勇妇的事迹在东海之畔诸郡中广为传颂，她的芳名著于《列女传》，在史籍上万古流芳。

在赞颂东海勇妇的同时，李白的诗中历数了中国古代数个侠义女性的事迹。诸如秦代伉俪情深，为悼念亡夫哭倒城墙的杞梁妻；汉代勇于替父抵罪，打动皇帝废除肉刑的少女缇萦；三国时为报父仇舍生忘死的关东贤女苏来卿；战国时代一曲棹歌从而使其父脱了严刑之苦的赵国津吏之女等等。李白认为，这些女性深情果敢，慷慨侠义，智勇双全，远胜男人中那些没有担当，邀买虚名的豫让、要离之辈。

缇萦是西汉人淳于意的小女儿，淳于意做齐太仓令时，得罪了权贵被判押解到长安接受肉刑。淳于意有五个女儿，没有儿子。因此，他临行时望着女儿们叹息道："生女不生男，到了紧要关头没有可用的人啊！"他的小女儿缇萦听了这话很伤心，毅然跟随父亲到了长安，上书朝廷说："我父亲是朝廷的官吏，齐国人民称赞他廉洁奉公，现被判刑。我痛心的是人死不能复生，受刑致残也不能复原，即使想改过自新也不能如愿。我情愿自己在官府做奴婢来替父赎罪，使父亲有改过自新的机会。"汉文帝被她打动，不仅赦免了淳于意，还下令免除了肉刑。此事见于《史记·扁鹊仓公列传》。

娟是春秋时赵国津吏之女。赵简子向南攻打楚国时，与津吏约期渡河，到了约定时间，津吏却因醉酒不能驾船，赵简子要杀津吏。津吏之女娟辩解说她的父亲是为祈祷河神，而被巫祝灌醉的。说自己情愿代父罪而死。赵简子不答应，津吏之女又请求等她父亲酒醒后再杀。简子同意了她的请求。渡河时，河工少了一人，律吏女自请上船摇橹，行至中流，津吏女唱起《歌激》曲，歌中为父亲陈情并为赵简子祝福，赵简子大悦，赦免了她的父亲，并娶她为妻。此事在刘向《列女传·辩通》中有所记载。

前所提到的战国末期魏安釐王的夫人如姬也称得上是一位侠女。如姬是最受魏王宠幸的夫人，她的父亲被人杀害，她悬赏三年要为父报仇，却没有人响应。如姬无计可施，向魏王的弟弟信陵君哭诉，信陵君派出门客砍下了凶手的头献给如姬。如姬父仇得报，将信陵君视为恩人，誓言以命相报。因此，当信陵君为救赵抗秦调动军队，请求她从魏王卧室中盗取兵符时，她舍生忘死为信陵君盗取了兵符，使信陵君顺利地领兵解除了赵国的危难。

如姬后来的命运不得而知。她只不过是魏王的一位夫人，暂时受宠，即便在最受宠爱之时，魏王也并没有为她捕杀杀父仇人尽一点举手之劳。可见魏王不过视她如玩物，并没有真正尊重她的人格与尊严。故而她才对有承诺有担当，肯于为她复仇的信陵君感恩有加，"欲为公子死，无所辞"（《史记·魏公子列传》）。她从信陵君那里得到了一诺千金，得到了尊重，所以，她也以性命做出了回报的承诺。她极有可能被魏王处死，因为窃符夺取兵权本身就是死罪，并且魏王原本就对信陵君的权势多有忌惮，信陵君替如姬报了杀父之仇，史书中虽没有记载魏王的态度，但以常理推测，这件事必会引起魏王的不快。所以如姬对自己的命运应该早有预判，为了避免受辱，她极可能会效法侯嬴，北向自刭，以死来回报魏公子信陵君。在郭沫若先生的历史剧《虎符》中，就采用了这样的结局。无论怎样，如姬在她得到信陵君献上的杀父人头时，就把自己的生命允诺给了信陵君。当她答应为信陵君窃符时，她无疑选择了死亡和献身。作为一个孤弱的女子，她的行为从客观上说来，拯救了无数百姓，挽救了弱小国家，抵抗了入侵的秦军；从主观上来说，她拼一死以酬知己，丝毫不计利害得失，不贪图眼前安逸和富贵的生活，而看重自己道德人格的完满。因此，无论主观和客观上，她都称得起是一位侠义的女子。

像如姬这样识大体、重大局的侠女还有许多。著名刺客聂政，在刺杀了韩相侠累后，割破自己的脸面，毁容自尽。他的尸体被暴露在街市上，韩国人悬赏购求能够辨认他的人。

聂政的姐姐聂荣得知这个情况后，立即猜测出这位刺客一定是自己的弟弟聂政。因为她知道聂政与侠累的仇人严仲子有交情，时时欲报答严仲子的知遇之恩。她立刻起身赶往韩国的街市，认出死者果然是自己的弟弟聂政。她伏在尸体上，失声痛哭道："他就是轵地深井里人聂政啊。"街市中来往的人都好心地对聂荣说："这人是杀害我国宰相的凶手，韩王悬赏千金想得到他的姓名，您难道没听说吗？怎么还敢来辨认他？"聂荣回答："我知道。可是聂政之所以蒙受屈辱隐迹于市贩之中，不过是因为老母尚在，我还没有出嫁，他必须照料我们。如今母亲得以终养天年，我又嫁到夫家。严仲子从屠夫市贩中将我弟弟辨识出来，并屈身与他结交，这样深重的恩泽又怎能不报答呢！士为知己者死，他只是因为我还活着，才严重地毁坏自己的身体，免得被人辨认出来牵连到我。我又怎能怕自己受株连，而埋没了弟弟的英名！"聂荣的一席话震惊了韩国街市中的人。聂荣讲到最后，叫了三声"天"，终因悲哀过度，心力交瘁，死在聂政的尸体旁。

中国古代能与战国时期开放的氛围相比拟的应属盛唐时期。唐代的繁荣和开放，给社会带来了自由发展的风气。经济贸易的发展和社会风气的开放也促进了一个侠风炽盛的时代的成型。唐末及五代十国时期，藩镇割据，甚至纷纷自立为国，各国大员觊觎政权，伺机叛变夺位，导致连年战乱不休，由此，和平年代养成的侠义精神就有了落地现实的社会土壤和生存需求。这一时期游侠的一个重要特点，是笔记小说中的著名女侠的出现。其中包括红拂女、聂隐娘等，她们的事迹虽只见于笔记小说，有一些虚构的成分，但其中不少人物确实有据可查，且有许多事例可以互为佐证。这些女侠的英名在后世广为流传，已成为女中豪杰的象征。她们较其他时代的侠女更加落拓不羁，敢爱敢恨，敢作敢为，并不拘囿于闺门之内，而敢于浪迹四方。她们或孤身报仇，或锄强扶弱，或与男侠们一道建功立业。这一时期的女侠，首次从被动的配角地位摆脱出来，真正成为自己命运的主宰，这是此前的女性所无法比拟的。而随着被宋代程朱理学所修正的儒学日益成为人们思想的主宰，后代的女侠们很难再这般落拓不羁、活泼潇洒了。

史载唐末有一位女商人叫荆十三娘，她因丈夫早亡，在苏州支山禅院为其夫设斋祭奠。正巧侠士赵中行游历苏州，旅居在支山禅院。赵中行行事豪侠，荆十三娘大为爱慕，于是二人同船返回扬州。路途中，赵中行不断仗义行侠，与人交游，耗费了十三娘不少钱财，十三娘毫不介意。赵中行友人李正郎之弟名叫李三十九郎，有一位爱妓，爱妓的父母却将她转赠与当朝权贵高太尉党羽诸葛殷，李三十九郎惧怕诸葛殷的权势，只能独自饮泣。十三娘听到这个消息后，十分气愤，对李三十九郎说道："这是小事，我能为你报仇。你六月六日正午时分在润州（治所在今江苏镇江）北固山等我。"到了那

《荆十三娘图》，清任渭长绘

一天，荆十三娘果然携妓及妓之父母首级在约定地点交给了李三十九郎。之后，荆十三娘与赵中行同入浙江，隐居起来。（孙光宪《北梦琐言》卷八）

这一时期，还有许多矢志复仇的侠女。据《新唐书·列女传》载，豫章（治所在今江西南昌）人谢小娥八岁丧母，后嫁历阳（今安徽和县境内）侠士段居贞，夫妇二人与谢父一同往来江湖间经商。一次途中遇盗，谢小娥的父亲和丈夫都被强盗所杀，小娥折足堕水，为人所救，辗转来到上元（今江苏南京），住在尼姑庵中。后来，谢小娥乔装为男子，给人当佣人和保镖，借机寻找仇人。果然，她在当阳（今江西九江）找到了仇人，于是潜入其家，刺杀了仇人。然后，小娥又到官府报案，捕获了这伙强盗的余党。

唐贞元年间（公元785—805年），博陵（今河北蠡县南）人崔慎思进京应举，住在一寡居少妇家中，少妇颇有姿色，崔慎思希望娶之为妻。妇人却只愿嫁与他为妾。崔在妇人家住了两年多，妇人供其用度，毫无怨言，还生有一子。一天夜半，崔慎思忽然发现妇人不见了，他怀疑妇人与别人通奸，十分气愤，在堂前不住徘徊。忽见妇人白练缠身，从屋顶跃下来，右手持匕首，左手携一人头。妇人告诉崔慎思，她的父亲为郡守枉杀，她多年以来，一直寻机复仇，如今终于大仇得报，就此与崔慎思告别。临行前，她假称哺乳婴孩，将孩子杀死。（《原化记》）同类故事还见于唐李肇《国史补》卷中，唐薛用弱《集异记》中"贾人妻"的情节也与此相似，二者都叙述一个妇人潜志报仇，复仇后杀子绝念而去。这些故事极有可能都源于一个或多个事实。

宋代，极权统治重新确立，游侠逐渐丧失了存在和发展的社会基础，宋明理学的教化也对女性的思想意识产生了极大的钳制。相对来说，这一时期有见地并留下侠名的女子往往是那些与士大夫有所交往的青楼艺妓。南宋时的浙江天台官妓严蕊，色艺双全，名重当时。她才华出众，深得唐与正、谢元卿等官员、豪士们的赏识，彼此相交颇深。其后，朱熹调至浙江天台为官，因与唐与正不和，便诬陷唐与正与严蕊有私情滥交，有碍为官声誉，将严蕊抓进狱中，严刑逼供。严蕊虽备受折磨，但不肯违心说一句损害唐与正的话。狱吏诱使她早些招认，严蕊回答说："身为贱妓，即使与太守有私情，罪过也不至死。但怎么可以不辨是非真伪，平白诬陷士大夫！即便打死我，也不诬陷别人。"两个月中，她一再受杖，委顿几死。严蕊的坚贞不屈、正直无私使她声名日盛。后来，朱熹调任，刑官十分同情她的遭遇，令她作词自陈，判令从良，终获自由。

宋代的薛希涛也是一名官妓，祖无择做杭州知府时与其交好。后来，祖无择因得罪当朝宰相王安石，被以私通官妓的罪名抓入狱中。薛希涛虽受严刑，却不肯招供，直至被鞭打而死，也没有一句损伤祖无择的话。

所谓"仗义每多屠狗辈"，严蕊、薛希涛，虽为卑贱的官妓，但她们能够明辨是非，不惧皮肉之苦，不惜牺牲性命而不肯诬陷红尘知己，她们的行为，足以令卖友求荣之辈汗颜。她们虽然微贱而柔弱，却当得起一个侠字，故而冯梦龙在《情史类略》中，将她们列入"情侠类"。她们虽不能称作女侠，却称得上风尘中的侠女子。

宋代著名的女将梁红玉也出身营伎。她精通翰墨，又生有神力，能挽强弓，在京口宴会上认识卓尔不群的名将韩世忠，两人惺惺相惜，结为眷属。北宋灭亡后，金军继续南下，在京口与韩世忠的部队遭遇。梁红玉不惧强敌，英姿飒爽，披挂上阵，挥动战鼓，以少于敌军十倍的兵力大败金兀术，并围困金兵于黄天荡达四十八天之久，由此名震华夏，威扬夷狄，可谓"巾帼不让须眉"。

元明清时期，阶级矛盾、社会矛盾日趋尖锐，贪官污吏、土豪恶霸欺压无辜，无恶不作。铲除恶势力，救助孤弱就成为这一时期游侠的使命。这一时期也出现了许多除暴安良、仗义果敢的女侠。

辑录清代掌故轶闻的《清稗类钞·技勇类》中记载，清代嘉庆年间，荆溪（今江苏宜兴南）人周济善古文词，又娴于技击，能令百十人近不得身。他行侠仗义，好打抱不平，在齐、鲁两地往来，杀死数以百计的强盗，强盗都对他又恨又怕。一天，他在路途中被两名大盗盯上，二人跟踪他住在一家旅店里，打算暗害他，周济却一点也没有知觉。入夜，周济正在熄灯歇息，房门忽然被打开，两个强盗跃入室内，向周济的床上猛扑过来。周济惊起，觉出两个强盗技艺在己之上，仓促间，手中没有武器，自知敌不过两人。这时，一女子从窗外飞入，直扑两个强盗。强盗的刀正要砍及周济时，突觉有人袭击背后，忙抽回刀，返身迎斗女郎。女郎手舞双剑与两盗搏斗，刀光闪烁中，一个强盗已掉了脑袋，躺倒在地，另一个自知不敌，夺路而逃，被那个女郎挥剑击毙。女郎从容擦拭掉宝剑上的血迹，将宝剑插回鞘中，转身对周济说道："仓促间来不及向您通报，让您受惊了。我叫红娥，是店主人的女儿。您进店时，我见两个大盗跟在您后面，打算谋害您，我见您仪表不凡，不该死在强盗手里，所以才出手援救。"周济在月光下端详红娥，只见她十七八岁，窄袖蛮靴，仪态万方。红娥又自请嫁与周济为妾，对周济妻子极为忍让，从不肯略显技勇相威胁。徐珂的《清稗类钞》，从清至民国初年人的文集、笔记、札记、报章、说部中，广搜博采，辑录而成，备述了清代社会的历史风貌、风俗民情、奇闻逸事。由于所述皆有依据，所以大多真实可信，补充了史书记载的不足。同书中的《义侠类》还记载了另一位侠女松嫣的事迹。

松嫣，是清末天津商人郑某的义女。郑妻黄氏因无子而买回松嫣，松嫣对郑夫妇极为孝顺。一日，郑在经商途中被盗贼所害，沉入江中。同他在一起的同族侄子也被沉入江中，却没有死，一路乞食回报黄氏。又日夜奔走，寻回郑的尸骸，将其安葬。奔丧期间，他上下打点，十分卖力。郑妻黄氏十分感激他，就让他掌管内外家务，并立他为嗣。

但松嫣却看出这个族侄在报丧时表面很伤心，背后却常常喜形于色，怀疑是他串通匪盗杀死养父，又见养母为其所迷惑，言之无益，便亡走京师，投身曲院中，寻找机会查出真相，报复真凶。

松嫣年方十六，才貌出众，不久便声誉鹊起，少年豪贵车骑盈门，松嫣却十分自珍，只与京师大侠大刀王五相交好。王五常以金玉锦绣相赠，松嫣全都不肯接受，还正色对王五道："我敬重您，只是因为您是个大侠，并不想贪图金玉锦绣。"王五十分感动，也转而对松嫣十分敬重。

郑的族侄掌管家政后，十分专横，黄氏无法控制他，不久即气愤而死。他继承了家产后，开始横行乡里，众人敢怒不敢言。一天夜里，郑的族侄忽然在寝室中被杀，头颅被抛到府尹卧榻旁边。府尹十分惊惧，不敢追究，此案便不了了之。

事后，松嫣素车白马，到郑家祭奠养父母，在灵前哭诉事情原委。说自己已查明郑的族侄正是谋杀郑某的元凶。原来她借助京师大侠之力，查清了真伪，报了郑某夫妇的大仇。

松嫣之侠，在其矢志复仇，不惜身入勾栏曲院，寻找复仇的机会。另有一侠妇人，为救抗清义士之妻，不惜以身代人流放边疆。

《清稗类钞·义侠类》中还记有另一位侠女王氏之妻的故事。清初，布衣许德溥不肯剃发，刺臂誓死，被处以弃市之刑，妻子被判徙边。同乡王某是一位刑吏，任侠好义，想救下许妻却无计可施。他的妻子见他辗转反侧，夜不成寐，问他缘由，得知情况后，毅然决定替许妻徙边。她说："你敬重许德溥而想解救他的妻子，是豪杰之举，我愿代她而行。"夫妇二人将许妻藏匿起来，王某押解其妻上路。一路之上，每过郡县驿舍验点人口时，二人都宛如官役押解罪妇一样行事。走了数千里，才到达目的地，王妻没有一句抱怨。同行刑吏都很感动，凑钱将王妻赎回，夫妻二人这才得以终老于家。

五、任侠刺客

　　刺客是从游侠中分化出来的一类人，应算在游侠的范畴内。刺客与游侠同是动荡社会和动荡时代的产物，刺客更是远古血亲复仇传统沿袭至文明社会的变异。先秦社会，血亲复仇被作为孝义和德行受到弘扬和律法支持。《礼记·曲礼》说："父之仇，弗与共戴天；兄弟之仇，不反兵；交游之仇，不同国。"《大戴礼记·曾子制言上》则说："君弑，臣不讨贼，非臣也；不复仇，非子也。"而当某些个人无力或者法律不允许个人施行这种复仇行为时，被称为"私剑"的为私人效力的刺客就应运而生。《韩非子·五蠹》中，概括了刺客存在的社会原因和价值："夫离法者罪，而诸先生以文学取；犯禁者诛，而群侠以私剑养。"也就是说，在法律限制私权力施行杀戮，并将其施以惩治后，那些权贵尤其是豪侠便以养刺客作为私权力的替代，替他们杀人和顶罪。《韩非子·孤愤》则概括了刺客的作用："其可以罪过诬者，以公法而诛之；其不可被以罪过者，以私剑而穷之。"即是说，刺客杀戮的往往是不在法律惩治范围之内的私仇对象。

　　刺客与游侠有着共同的生存根基，在精神气质和道德规范等许多方面，刺客与游侠都有共同和相近之处。有些刺客与游侠中的豪侠或卿相之侠还存在着相互依赖的关系，他们中有些人受卿相之侠或豪侠的豢养、资助，也受其驱使。刺客与游侠之间的主要区别在于：游侠路见不平，拔刀相助，并不一定以杀人为目的；而刺客则是有预谋、有目的地去杀人，刺客就是为某种信仰、某种理想、某些或某个人杀人的人。因此，刺客可以定义为有目的、有预谋而怀挟利器从事暗杀活动的人。刺客与游侠的另一区别在于，游侠标节立名，务求通过行侠仗义树立名声，获取权势，刺客平日大多混迹于普通人中间，务求隐藏行迹；游侠可以借助权势、财力或者借助他人行侠仗义，而刺客必须是以自己的性命为代价去践行他们的信仰，达成目的，博取他人性命，因此史评家称之为"天壤间第一种激烈人"（吴见思《史记论文·刺客列传》）。

刺客中有道德高尚者，也有品行卑劣者。刺客行刺的目的或是出于政治原因，或是出于私家恩怨。多数刺客有着对名节声誉的追求。刺客并不滥杀无辜。至于那类已沦落为职业杀手，只为金钱而行凶的"刺客"，则与具有游侠风范的刺客有着天壤之别，故而不在本书所述之列。本书只介绍那些可以称为侠士的刺客。

（一）历代刺客

在春秋战国以来两千多年的中国历史上，少有风平浪静的时期，更多的是血雨腥风的朝代更迭，战乱频仍。战争固然是更新换代的主要手段，但在某些时刻，一人、一剑、一投枪、一匕首也会使政治格局发生决定性的改变，起到千军万马所难以比拟的作用。尤其对于敌对势力中弱者一方，使用刺客更成为他们取胜的捷径，他们坚信杀一人可以拯救千万人，救国救民，改变历史的走向。春秋时期公子光用专诸刺杀吴王僚，一举登上吴国王位；荆轲投向秦王嬴政的匕首一旦击中，那么当时的历史进程就可能改写。同时，动荡时代的民间社会，弱肉强食、恃强凌弱成为常态，被妄杀受欺凌的一方亲属或友人若想复仇，则只能把自己变成复仇的工具，成为刺客并伺机复仇。因此，可以说刺客是阶级矛盾、政治军事斗争日益尖锐的大动荡时期的副产品。我国的春秋战国时期、唐代藩镇割据时期、五代十国争霸时期，以及大多数朝代更迭时期，为刺客的活跃提供了舞台，都曾出现许多叱咤风云的著名刺客。在这样一些时刻，那些卿相之侠和地方上一些有权势者为了争权夺利，报复私怨，常常搜求、豢养刺客去行刺政敌和仇家，而一些身怀武艺、勇猛过人又急于成名或是陷入生活困境的勇士，便投身于其门下，并为报知遇之恩、豢养之德充当刺杀工具。也有信念坚定的侠义之士，为了实现自己的理想和抱负，或为报复国难家仇而奋力一搏，充当刺客。

1. 先秦刺客

刺客最为活跃的时代，是春秋战国时期。那时的刺客，大多与游侠具有相同的气质和品行。他们勇于反抗强暴，见义勇为，知恩图报，多有求功求名的心态。他们与主使刺杀者之间并非完全是豢养与被豢养的关系，还有一种知己相报的关系，他们之间在一定程度上有共同的信念，推崇共同的道义，可称志同道合。

前述为吴公子光刺杀吴王僚，帮助他成功夺取王位的刺客专诸，在受命之际并没有为自己的身家性命担忧，亦没有为自己的老母、妻儿讨价还价，反而一切从公子光的利益出发，为他设想，显示出对公子光的理解和借躯于友的情谊。专诸成为刺客完全出于一位士对善待他的主人或者不如说是知己的回报。专诸之后的豫让刺杀赵襄子、聂政刺杀韩国宰相侠累都出于同一种动机，即豫让所谓的"士为知己者死"（《史记·刺客列传》）。

春秋末期，晋国朝政旁落在智、赵、韩、魏、范氏和中行氏六家大臣手中。这时有个叫豫让的晋国人，先后投在范氏和中行氏的门下，但都没受到重视。后来他又投奔智伯，深受智伯宠信。其后，智氏讨伐赵襄子，赵襄子联合韩魏两家灭掉了智氏。赵襄子深恨智伯，便把智伯的头颅做成尿壶①来使用。逃入山中的豫让得知此事，发誓要为智伯复仇。他改变姓名装作被判刑的人，混入赵襄子宫中服役。一次，他趁修理宫厕之机怀挟匕首打算行刺赵襄子，他身上的凛凛杀气使得走进厕所的赵襄子一阵心惊肉跳，急忙让人捉住他。豫让对行刺动机供认不讳，口口声声"欲为智伯报仇"。赵襄子被他忠于旧主的义气所打动，释放了他。

豫让并没有因此放弃复仇的想法。不久，豫让为了隐藏行迹"漆身为厉（同疠），吞炭为哑"，用漆将身体涂得像长

---

① 亦有说做成饮酒之器的。

癫的人一样，吞吃火炭使声音变得嘶哑，连妻子都认不出他了。他得知赵襄子将要出行，就事先埋伏在襄子即将经过的大桥下面。襄子过桥时，身下坐骑惊跳不前。襄子说："一定是豫让又要行刺！"派人到桥下搜出了豫让。赵襄子责备豫让说："你不是也曾侍奉过范氏、中行氏吗？智伯灭掉了他们，你为什么不为他们报仇反而投了智伯，现在又非要替智伯报仇？"豫让回答："范氏、中行氏对待我像对待一个普通的人一样，我就像一个普通人那样对他们；智伯像对待国士那样礼遇我，我就要像国士那样回报他。"他知道赵襄子这次不会再放过他，就请求赵襄子脱下衣服让他刺上一剑，以致报仇之意。襄子答应了他的要求，解衣递给豫让，豫让拔剑跃起，刺中襄子衣服说："我可以去地下回报智伯了！"于是伏剑自杀。

几十年以后，濮阳（今河南濮阳西南）人严仲子因受韩哀侯的宠信而被韩相侠累妒恨。严仲子担心自己被侠累所杀，逃离韩国，游历各地寻找可替自己报复侠累的人。他听说魏国轵地人聂政由于杀人避仇的缘故，携老母和姐姐隐身于齐国屠户中间，就多次上门求见聂政，又备下酒宴亲向聂母敬酒，将黄金百镒①（yì）送给聂母作为礼物。聂政虽然每一次都坚辞不受，但已经对严仲子的再三礼遇心存感激，认为严仲子是自己的知己。只是因老母尚在，无法舍身酬付严仲子的知遇之恩。

过了一段时间，聂母去世，聂政安葬了母亲，又服孝三

---

① 镒：古代重量单位。1 镒为 20 两或 24 两。

年，然后到濮阳去见严仲子，询问严仲子仇人的名字，并谢绝了严仲子为他增添帮手的请求，孤身一人到了韩国。

韩相府宅戒备森严，侠累正在府中高坐，身边侍卫着许多手执枪戟的兵士。聂政仗剑直入韩府，侍卫们还来不及招架，他的剑已刺入侠累的胸膛，顿时府中大乱。聂政击杀了数十人后，为了不连累自己的亲友，他划破自己的脸面、剜出眼睛，毁容破腹而死。

专诸、豫让、聂政三人之行刺有一个共同的动机，即以性命酬谢知己。在那个英雄辈出、载浮载沉的动荡年代，他们迫切希望得到承认和尊重，相形之下，生命倒可以轻掷了。先秦刺客这种勇于受命于危难之际的坚毅品质，在行刺秦王嬴政的刺客荆轲的身上体现得尤为充分。

战国末年，秦国吞并天下的野心日益膨胀。东方六国无力与秦抗衡，而燕国在六国中首当其冲受到秦国的威胁。为了挽救燕国行将灭亡的命运，燕太子丹筹划了行刺秦王的行动。智谋双全的侠士田光向燕丹举荐了荆轲。为使心气高傲的荆轲接受使命，田光不惜以一死激发起荆轲的责任感，他把刺秦的计划告知荆轲后，自刎在荆轲面前。

荆轲为了不辜负友人厚望投到燕丹门下，燕丹将其奉为上宾，安置进最好的住所，每天亲自拜望，不断送来奇珍异物、宝马、良车和美女供荆轲消遣。

荆轲面见秦王须备齐两件不同寻常的礼物。一件是燕国富庶之地督亢（今河北省境内）的地图，另一件是因得罪秦王而亡命于燕丹门下的秦将樊於期的人头。地图之事很快办妥，但燕丹不忍杀掉来避难的樊於期，而且杀掉樊於期也有损燕丹的侠义之名。因此，荆轲私自去见樊於期，问道："听说您的父母宗族都被秦王杀戮了，秦王还以千两黄金、万家封邑购求您的人头，您怎么报如此深仇大恨呢？"樊於期仰天叹息道："我一想起这一切就会痛入骨髓，只是无计可施罢了。"荆轲趁势言道："只要我带着您的首级去进献秦王，秦王一定十分高兴地接见我。那时，我左手把其袖，右手用匕首直刺其胸，顷刻间就报了您的仇恨，解除燕国的患难。"一席话说得樊於期神情激越，拔剑自刭，将首级赠予荆轲。

燕太子丹又为荆轲以黄金百两购得赵人徐夫人濡血必死的锋利匕首，还推举了一位十二岁即敢杀人的勇士秦舞阳作为荆轲的助手。但荆轲在等另外一个人，想和他一道去，可那个人住得很远还未来到，荆轲停止刺杀行动等候他。过了一阵荆轲还没动身，太子丹怀疑他有改变初衷和后悔的念头，于是又去请他动身，说："时候不早了，您难道没有动身的意思吗？请让我先派秦舞阳出发吧！"荆轲非常生气，怒斥太子道："如果现在去了却不能够回来向太子复命，那是小人！现在光拿着一把匕首进入不可意料的强暴的秦国，我之所以停留下来，是因为等待我的客人好同他一起走。现在太子嫌我走晚了，那就让我现在和你们告别！"荆轲决定即刻出发。太子和那些知情的宾客，都穿着白衣，戴着白帽给他送行。到了易水边，祭过路神，就要上路了。高渐离敲着筑，荆轲和着节拍唱歌，发出悲凉的声音，众宾客都泣不成声。荆轲唱道："风萧萧兮易水寒，壮士一去兮不复还！"声音悲怆，众宾客被悲怆的音乐感染，都睁大了眼睛，头发上竖。荆轲上车而去，始终不曾回头看一眼。

到了秦国，荆轲带着价值千金的礼物，拜望秦王的宠臣中庶子蒙嘉。由蒙嘉替他疏通秦王说："燕王确实非常害怕大王您的威风，不敢出兵来抗拒，愿意全国上下都做秦国的臣民，列为诸侯，像秦国的郡县那样贡纳赋税，希望以此能保住祖先的宗庙。他们不敢自己来陈述，诚惶诚恐地砍下樊於期的头颅，献上燕国督亢一带的地图，用盒子装好，燕王很慎重地在朝廷将它送出，派使者来禀告大王。一切听凭大王吩咐。"秦王听了之后，非常高兴，于是穿上朝服，设九宾之礼，在咸阳宫接见燕国的使者。荆轲捧着装了樊於期头颅的盒子，秦舞阳捧着装有地图的匣子，依次进来。到了台阶下，秦舞阳害怕得变了脸色，秦国的群臣对此感到奇怪。荆轲回过头来对秦舞阳笑了笑，走上前对秦王致歉说："北方边远地区的人，没有见过天子，所以有些害怕，望大王能够原谅他，让他在大王的面前完成他的使命。"秦王对荆轲说："起来吧，取来舞阳所拿的地图！"荆轲拿来地图之后捧着，打开地图，地图全部展开后露出了匕首。于是荆轲左手抓住秦王的衣袖，右手拿起匕首刺向秦王，却没有刺到。秦王十分震惊，耸身站了起来，挣开被荆轲抓住的衣袖。秦王想拔剑自卫，但剑太长，只能握住剑鞘。当时情况非常危急，秦王的剑插得太紧，没办法抽出来。荆轲一击不中，手持匕首追逐秦王，秦王绕着柱子躲避。秦国的君臣都惊呆了，事情发生得出乎意料，大家都猝不及防，无计可施。而按照秦国的法律，在殿上侍奉的群臣，不能携带兵器；那些宫廷侍卫握着武器，都在殿下侍候，没有君王的命令不能上殿。慌急之中，也来不及召侍卫。所以荆轲追逐秦王时，宫殿中的人都惊慌失措，

《荆轲刺秦王》（武氏祠汉画像石）

没有武器用来击杀荆轲，只能徒手同荆轲搏斗。这时，秦王的御医夏无且用他手里的药袋扔向荆轲。仓促间，左右大臣都提醒说："大王快用剑！大王快用剑！"秦王这才拔剑刺向荆轲，砍断了荆轲的左腿。荆轲伤残倒地，举起匕首投向秦王，没有投中，匕首击中了柱子。秦王又砍击荆轲，荆轲身受多处剑伤。荆轲知道事情不能成功了，靠着柱子，像撮箕一样张开双腿坐在地上骂道："事情之所以没有成功，是想活着劫持你，务必得到约契来回报燕太子啊！"秦王的侍卫上前，斩杀了荆轲。秦王受此惊吓后，头晕目眩了很久。

　　荆轲虽亡，但荆轲刺秦的义举数千年来一直激励着那些面对强权的凌辱而心有不甘的仁人志士，鼓舞着他们以血肉之躯反抗强暴势力的侵犯和压迫。即便是在乱世里寄情田园的陶渊明，也会写下《咏荆轲》这样的感慨之作：

> 燕丹善养士，志在报强嬴。
> 招集百夫良，岁暮得荆卿。
> 君子死知己，提剑出燕京。

素骥鸣广陌，慷慨送我行。

雄发指危冠，猛气冲长缨。

饮饯易水上，四座列群英。

渐离击悲筑，宋意唱高声。

萧萧哀风逝，淡淡寒波生。

商音更流涕，羽奏壮士惊。

心知去不归，且有后世名。

登车何时顾，飞盖入秦庭。

凌厉越万里，逶迤过千城。

图穷事自至，豪主正怔营。

惜哉剑术疏，奇功遂不成。

其人虽已没，千载有余情。

2. 两汉剑客

汉初，风习尚武，养士之风复兴，宾客中多有侠客与剑客，这些剑客成为后来刺客的主要来源。一些分封后的刘氏子弟，常利用刺客刺杀异己，来实现个人的政治野心，争权夺利。汉初梁王派刺客谋杀袁盎即为一例。

汉文帝次子梁孝王刘武想让景帝立己为嗣，大臣袁盎进言称不宜立弟，景帝也就不再提立梁王为嗣的事。梁王由此怨恨袁盎，先后派出刺客十余人行刺袁盎。其中一名刺客来到关中（今陕西）后，听说袁盎为人颇为侠义，不仅不肯行刺，反而拜见袁盎说："我接受了梁王的金钱来刺杀您，却发现您是个义气的人。我不忍心刺杀您，但以后还会有十多批人来刺杀您，希望您好好防备一下！"袁盎听后心中十分不安，家里又接二连三地发生了许多怪事，便到占卜者棓（Bèi）生那里去占卜问吉凶。回家的时候，随后而来的梁国刺客果然在安陵（今陕西咸阳东）城门外面拦住了袁盎，把他刺杀了。（《史记·袁盎晁错列传》）

这时的刺客大多已成为豪强、权贵豢养的杀手，他们的行刺也往往为了金主的私怨，大多出师无名，因而自身也很难留名青史。当时的一些权贵、豪强常为一己私怨便行凶杀之事。东汉末年，国戚、河南尹何进升迁为大将军，司徒杨赐派手下幕僚、名士孔融持名帖前去拜贺，因门人未及时通报，孔融就把名片夺回，引罪自责而去，未能完成贺仪。何进以为是孔融鄙视自己出身卑微，看不起自己，认为丢了面子，于是起意派剑客追杀孔融。幸而有人为孔融求情，才逃过一劫。（《后汉书·郑孔荀列传第六十》）由此更可看到，当时人睚眦必报，把私养剑客、雇凶杀人视为平常。

这一时期，许多游侠也私养剑客，杀人泄愤，杀人报复，杀人立威。王莽时著名豪侠原涉养剑客无数，他手下的刺客暴戾滥杀，"杀人皆不知主名"（《汉书·游侠传》），这样的刺客只服从养客之人的指令，或受金钱驱使，并不追求是非曲直，已尽失先秦游侠的豪迈正义之风。

原涉交游的朋友和豢养的宾客多有人充当过替他报复仇人的刺客。早期，原涉的叔父被茂陵的秦氏杀害，当时原涉在谷口做县令，打算报仇。谷口的豪杰就替原涉杀了秦氏。原涉曾经替一户丧母却无力置办丧事的人家筹办丧事，对这户人家有恩。后来，有人诋毁原涉，说他是"奸人之雄"，死者的儿子立即就去把说这话的人刺杀了。

等到朝廷打击豪侠时，原涉想避开那些惹是生非的宾客，躲到茂陵。结果，他的仆人去市场买肉时，与屠户发生争执，砍伤屠户，致使屠户丧命。当地太守尹公借机要惩办原涉立威，原涉只好自己捆起双手，光着上身，以箭贯耳到公堂谢罪，尹公这才放过原涉。原涉受此羞辱，自然怀恨在心，后来终于借了另一个理由，派手下刺客杀了尹公。

在这种状况下，朝臣人人自危，"上畏不测之难，下惧剑客之害"（《后汉书·宦者列传》）。民间的豪侠利用手下刺客滥杀异己，骄横跋扈，形成巨大势力。王公贵戚则借刺客之手谋杀政敌，操生杀大权于手中。这种状况自然为统治者所不容，汉成帝河平年间（公元前28—前25年）所杀游侠万章、张回、赵君都、贾子光等，其主要罪状都是"报仇怨养刺客"（《汉书·游侠传》）。随着统治者对游侠一次次地沉重打击，依附于豪门大侠的刺客逐渐失去了生存的根基。失去了豪侠的供养，刺客日益沦为金钱的奴隶，与游侠本色已是风马牛不相及了。

3. 唐代刺客

唐代侠风兴盛，民风尚武，统治阶层和权贵私养剑客、训练刺客蔚为时尚。唐初太子李建成与秦王李世民争夺皇位，拉拢李世民手下尉迟恭，遭到拒绝。李建成恼羞成怒，就让李元吉派刺客刺杀尉迟恭。刺客在政治权力争夺中的作用已经初显。中晚唐时期，中央政府对地方势力已经不能有效节制，只能默认各地藩镇的割据，并试图通过以不同藩镇相互克制的方式来管控各地藩镇，避免某一藩镇坐大，危害中央政府和朝廷的威严。朝廷内部党阀派系斗争加剧，宦官专权、藩镇割据、党阀之争使刺客有了新的用武之地。一些被割据的藩镇军阀不仅利用刺客相互攻杀，还常派出刺客行刺朝中异己派的大臣。当时的名臣李勉、裴度都曾遇刺，唐宪宗时的宰相武元衡还被刺客杀死。武元衡、裴度遇刺事件，是惊动朝野的一桩公案。仅此一案便涉及门察、訾（Zī）嘉珍及张晏等十余名刺客。

武元衡的曾祖父是武则天的堂弟，家族世代显赫，他在唐宪宗时任宰相一职，为人正直忠勇，对当时朝中的党争和藩镇割据深恶痛绝，手段强硬，深受军阀忌惮。一日，武元衡天不亮去上朝，刚刚离开住所静安里，就被刺客包围。刺客们先是在暗处射灭照明的灯笼，然后又射中武元衡的肩膀，一些刺客拦住了武元衡的护卫，并且将护卫驱散。同时，有刺客近身击中武元衡的大腿，武元衡骑着马想逃跑，但只跑了不多远，就被刺客追上，一刀毙命。刺客还割下了他的头颅，手段十分残忍。后来得知，这伙刺客以圆净、门察、訾嘉珍为首，而幕后指使人是当时的成德节度使王承宗和平卢节度使李师道。武元衡遇刺时，后来的中兴之臣裴度也同时遇刺。当时，裴度从长安通化里宅所出门，刺客向裴度击刺三剑。头一剑砍断了裴度的靴带；第二剑刺中背部，刚刚划破内衣；末一剑微伤裴度的头部。裴度跌下马来，幸好他头戴毡帽，因此伤得不深。刺客又挥剑追杀裴度，其随从王义以身掩护，被砍断了右手。裴度跌进路边的沟中，刺客以为他已死，这才罢手离去。

藩镇军阀豢养刺客相互攻杀的情况，在许多笔记小说中得到反映。《太平广记》卷一九四中讲述了一个刺客的故事。

聂隐娘是唐贞元年间魏博（治所在今河北大名东北）大将聂锋的女儿，幼年时被一老尼带至山中，训练成武艺高强的刺客，可以在白日杀人于市而不为市人所觉。后被收入魏博主帅门下。元和年间（公元806—820年），魏帅和陈许节度使刘昌裔不和，派隐娘前去行刺。但隐娘见刘昌裔谋略过人，礼贤下士，不仅不忍行刺，反留下做了刘的护卫。魏帅不肯罢休，相继派出另外两名刺客精精儿和妙手空空儿前来行刺，均被隐娘破解。其中妙手空空儿的武艺尤为精湛，行刺时"无形灭影，人莫能窥其用，鬼莫得蹑其踪"。但他十分孤傲，一击不中，便翩然远去，行刺时绝不肯二次出手。

《聂隐娘图》，清任渭长绘

隐娘利用他这个特点，用宝玉环住刘昌裔的脖颈，使刘昌裔得以经受住空空儿的一击。

唐代袁郊的《甘泽谣》所记红线的故事，也留有这一时期藩镇军阀以刺客谋杀对手、争夺势力范围的历史痕迹。

唐魏博节度使田承嗣骄横跋扈，觊觎潞州（治所在今山西长治）节度使薛嵩属地，豢养三千勇士，准备兼并潞州。薛嵩为此日夜忧闷。他的侍婢红线见状，星夜兼程，潜入戒备森严的魏博田府，盗走田承嗣枕边的金盒。次日，薛嵩送回金盒，以此警告田承嗣如果再有非分之想，盗盒之人可轻易取下他的人头。这个故事中，由于薛田两家本为儿女亲家，故而手下留情，行刺弱化为盗盒。这段故事与史上所载大历十年田承嗣为夺取卫州，派遣刺客暗杀卫州刺史薛雄的历史事件如出一辙，印证了藩镇训练和利用刺客的风习的兴盛。

前述唐开封府尹李勉救下一囚犯，反被囚犯夫妻雇凶谋刺的故事中，也出现过一位善恶分明的无名刺客。从这个故事可以看到当时雇人行刺之风十分盛行。据《新唐书·文艺列传》载，诗人杜甫的叔叔杜并年方十三岁时，因其父杜审言为司马周季重所陷害，曾于袖中暗藏利刃，刺杀周季重，替父亲主持了公道。《资治通鉴》卷二零三记载了武则天时代因官员索贿引发海外商人派遣昆仑国刺客杀死地方官员的史事。光宅元年（公元684年），广州都督路元叡昏聩软弱，下属放肆骄横。有商船靠岸，下属勒索不止，海外商人向路元叡告状，路元叡反而找来枷锁要抓商人。一众胡人很愤怒，有个昆仑人袖藏短剑直闯衙门，杀死路元叡及左右十余人后逃走，没人敢上前阻拦。昆仑人登船入海，官府未能追到。可见唐代社会各阶层、各个社会领域都有刺客的踪迹。李白的《侠客行》写道："十步杀一人，千里不留行。事了拂衣去，深藏身与名。"为这一时期的刺客留下了经典的画像。

4. 清末民初刺客

刺客发展史上的又一个高潮，出现在清末民初。这时，历史重新进入一个大动荡的时期，封建社会黑暗腐败日益暴露，新旧观念相互撞击，一些具有新思想的志士仁人出于忧国忧民的心态，重又举起侠义的旗帜，舍生取义，行刺反动分子，因而涌现出许多顺应时代潮流、侠义忠勇的著名刺客。

咸丰八年（公元1858年），清军将领马新贻被捻军张文祥、曹二虎等人俘获。张、曹等人为马新贻的儒雅风度所倾倒，饶其不死，并与其结拜为兄弟，率部归降了清廷。张、曹等人归降后，便将妻子接到任上。马新贻见曹妻貌美，心生淫念，设计害死曹二虎，并将曹妻霸占。张文祥见马新贻禽兽不如，残害自己的结义兄弟，便发誓为兄弟报仇，为民除害。他蹑迹潜踪，尾随马新贻多年。在定海，他将钢刀掷向观海的马新贻，由于距离远，只刺破马新贻的衣袍；在杭州，他混入抚署衙门，伺机潜入马宅，但因马加强了护卫，谋刺再度失败。张文祥并不气馁，他苦练武技，终于在几年后刺杀了已升为两江总督的马新贻。之后，慷慨受戮。

如果说张文祥刺杀马新贻只是出于为结拜兄弟报仇的侠义心肠，那么，清末的辛亥革命斗士徐锡麟刺杀恩铭则有着更崇高的政治目的，出于更高尚的侠义信念。他所谋求的是推翻帝制，建立民主的新国家。

1907年7月6日，安徽巡警学堂举行毕业典礼仪式，安徽巡抚恩铭受邀前来检阅。操场内，学员们队列整齐，恩铭洋洋自得。忽然，一人从人丛中冲出，将一颗炸弹掷向恩铭，但炸弹没有爆炸。正当恩铭惊恐万状之时，站在一旁主持典礼的巡警学堂堂长徐锡麟从靴筒中拔出两支手枪，左右开火射向恩铭，恩铭中弹倒下，当日死去。

行刺恩铭的革命党人徐锡麟早年即立志推翻满清政府，参加了光复会，两次东渡日本去学习军事。回国后，他与光复会女杰秋瑾一同谋划组织浙、皖两省武装起义，推翻封建专制，建立民主共和。起义即将举行时，突然出现了叛徒，徐锡麟只好决定于巡警学堂毕业典礼时刺杀满清政府的官员恩铭，提前起义。但由于起义仓促进行，力量薄弱，徐锡麟在行刺后当即被捕，最后惨遭杀害。

为实现民主共和所组织的起义多次失败，使得同盟会中一部分革命党人重新拾起了暗杀、行刺这一方法。身为同盟会会员的汪精卫便是其中之一。他决心效法荆轲，以刺杀清王朝重臣的行动，促成民主共和的早日成功。他和同党选中了摄政王载沣，将炸药埋在载沣上下朝必经之路上。但暗杀行动不慎败露，汪精卫被捕入狱。幸得革命党同仁全力相救，加之革命形势的好转，清廷为收买人心，宣布解除党禁，汪精卫才得以释放。

然而大浪淘沙，曾几何时，当年革命党的急先锋却堕落为卖国求荣的汉奸，成为新一代革命志士孙凤鸣的谋刺对象，汪精卫虽然没有即时毙命，但数年后终于死于当年的枪伤复发。

（二）刺客行刺的动机

侠义之士勇为刺客，固然是一定社会历史条件下的产物，是阶级矛盾、政治军事斗争日益尖锐、日趋激烈的动荡年代的副产品，但个人因素亦很重要，究其成为刺客的原因，主要有以下几种。

1. 为报知遇之恩而行刺

在中国传统文化意识中，报恩是一个重要的信念。所谓"滴水之恩当涌泉相报"，报父母恩、师长恩是人的道德义务，这一点自不必言，而中国的士人最为看重的是知遇之恩。无论文臣、武将都心心念念于将一腔热血卖与识货之人。对于侠士来说，他们的报恩方式就只能是"君子死知己"（陶渊明《咏荆轲一首》）、"感君在一言，不惜为君死"（高启《结客少年场行》），从而甘当"知己"的杀人工具，用一死来报答这种大恩。如前所述，著名刺客豫让之所以数次行刺赵襄子，就是因为他坚执"士为知己者死"的理念。因此，尽管他在侍奉智伯前也曾投靠过范氏和中行氏，尽管智伯是个无道之人，比之赵襄子并不更加正义，也不更加仁爱，但是智伯对于豫让却是一个有着知遇之恩的明主，他对于豫让"甚尊宠之"，敬爱有加，这就足够使豫让为他报仇而死了。在豫让之后，又有聂政出于同样动机，为严仲子成功地刺杀了政敌侠累。

为报知遇之恩的行刺一方面体现了刺客对自身人格尊严的看重，另一方面也表现出侠义之士渴望为人所知所识的深重的寂寞之情。由于难以为人所识，他们往往死得情所不值，甚至不辨曲直、正邪与善恶，这使得刺客们常常遭到后人批评。明代史评家黄洪宪曾评价聂政说：

> 大丈夫之身所系亦大矣。聂政德严仲子百金之惠即以身许之。且侠累与仲子非有杀父君之仇，特以争宠不平小嫌耳，在仲子且不必报。政为其所知，即当谏阻。不听，

则归其金已耳。何至挺身刃累，而自裂其面，碎其体，以为勇乎？以为义乎？此于羊豚之货屠为肉何异？愚亦甚矣！（引自凌稚隆《史记评林》）

他认为聂政在刺客中"为最下"。说聂政不辨忠奸曲直，只为"百金之惠"便"以身许之"，是愚忠愚行。清代郭嵩焘在《史记札记》中也说："若聂政者，庶几凛凛烈士之风，惜哉其不达于用也！"

2. 为报国难家仇而行刺

直至汉代，复仇行为仍然在很大程度上得到律法支持，而道德层面的支持或者同情则一直贯穿整个古代社会。所谓君弑不讨，不配为臣；父仇不复，不配为子。国仇、君仇、父仇、兄友之仇，都是一个"孝"、"义"之人必须承担的责任。其中，报复灭国之仇是身为刺客所能承担的最高尚的使命。"细仇何足问，大耻同愤切。"（陆游《剑客行》）秦始皇曾多次遭到刺客袭击，其中不乏六国贵族的后裔所为。汉代开国功臣张良，是韩国人，祖、父二人都是韩国的宰相。秦王灭韩后，张良不肯用钱财给死去的弟弟办丧事，却把家财全部用来寻求可供报仇的勇士。后来，他终于觅到一位力士，为他造了一个一百二十斤重的铁锤。趁秦始皇东游之机，二人埋伏在博浪沙狙击了秦始皇的车队，虽只中副车，却给了秦始皇又一次震慑。三国时期，鲜卑轲比能先后兼并了"东部大人"所管辖的各小部和步度根部众，统一了漠南地区，复兴鲜卑。鲜卑的复兴对曹魏构成威胁，魏幽州刺史王雄派勇士韩龙在漠北刺杀了轲比能。韩龙刺杀鲜卑首领，使得鲜卑族彻底分裂，从此各部族互相侵伐，强者远遁，弱者请服，魏边陲自此安宁，堪称利国利民的一项壮举。其他如清末革命党人徐锡麟之行刺恩铭，汪精卫等之行刺摄政王，都心怀"捐躯赴国难"（李梦阳《侠客行》）的侠义之情。

为报家仇而进行的行刺也往往显示出除暴抑强的侠义，并得到普遍的赞誉。建武末年，钟离意任堂邑（今南京六合区）县令时，一个叫房广的县民因为父报仇杀人而入狱，在狱中得知他的母亲病死了，哭泣不食。钟离意决定放房广回家办丧事，大家都认为房广丧事办毕之后，肯定逃走，但房广事毕后又回到狱中。钟离意感觉房广有悔改之意，就将此事上奏光武帝，请求减免处罚。光武帝答应了钟离意的请求，房广被免于死刑。（《后汉书·钟离意传》）北魏显祖时，有个叫孙男玉的女子为丈夫报仇杀人，被判死罪，后又蒙诏赦。诏曰："男玉重节轻身，以义犯法，缘情定罪，理在可原，其特恕之。"（《魏书·烈女传》）

《宋史·孝义》记有北宋年间的一件为母复仇事件：甄婆儿是北宋太宗年间京兆鄠县（今陕西西安鄠邑区）人，他的母亲刘氏与同乡人董知政发生纷争，董知政杀死刘氏。当时，甄婆儿年仅十岁，他把仍在襁褓中的妹妹托邻居张氏哺养，自己到外乡避仇。过了几年，甄婆儿返乡和他的兄长甄课儿一同去张氏家求见自己的妹妹，却被张氏拒绝。甄婆儿悲愤不已，对兄长说："我的母亲被人所杀，妹妹寄养给他姓，大仇不报，我还活着干什么！"正值寒食节，甄婆儿准备了酒肴等奠品到母亲的坟上痛哭一场，回来后取了一把斧头藏在袖子里，找到董知政。董知政正哄孩子玩耍，甄婆儿从他的身后出现，用斧头砍向董知政的头，将他杀死。这个案子经当地官员上报后，太宗对甄婆儿的孝行表示赞许，并宽恕了他的杀人之罪。

由此可见，在整个古代社会中，从最高统治者到社会下层，对于以复仇为目的的刺杀行为普遍持赞赏和宽大的态度。这种态度又反过来鼓励了复仇行刺的行为在历史上的不绝如缕。

许多时候，当国难家仇同为一属的情况下，报家仇的行刺行为就更加具有正义性。清代著名文人吕留良死于清世宗胤禛（雍正）制造的"文字狱"。吕留良的孙女吕四娘相传是"清初八大侠"之一，武功高强。为了替祖父报仇，她千方百计地潜入宫中要刺杀胤禛。有传说甚至说胤禛最后终于死在吕四娘手中，此事虽不可信，但可见吕四娘行刺决心的坚定。

3. 出于义愤而行刺

许多刺客处心积虑地行刺他人，却并非为个人的私怨，而是出于除暴安良的义愤，出于维护正义和公平的挺身。汉初，刘邦曾路过赵国，对赵王张敖简慢无理。赵相贯高等一批人见赵王受辱，心有不忿，打算瞒着赵王刺杀刘邦。事情没有做成，两年后被人告发，刘邦下令逮捕赵王、贯高等人。到京师后，贯高力陈此事与赵王无关。狱官用尽酷刑，终不改口。刘邦仍不信，派认识贯高的大臣私下询问，贯高说，谁不爱自己的父母妻儿？现在我要被灭三族，难道会为了保赵王而牺牲亲人吗？只是因为赵王真的不曾参与谋刺计划，都是我们这些臣下自己干的。刘邦听到这话，赦免了赵王，同时认为贯高为人能立然诺，也赦免了贯高。贯高则认为救助赵王的使命已经完成，遂自杀于狱中。贯高谋刺刘邦未遂，却得到刘邦的尊重。贯高在这个事件中表现出来的忠诚仗义和正气凛然不仅打动了刘邦，他的侠义也拯救了赵王张敖等一众涉案或受牵连的人。

同样，前述清末张文祥刺杀两江总督马新贻也是义愤使然。同治九年（公元1870年）七月廿六日，两江总督马新贻赴督署附近操场巡阅骑射。事毕，步行回衙。将至督署东侧门时，张文祥快步迎上，假做上递状子的样子，拔刀突刺，刀身没入马新贻肋骨深处。事后发现，张文祥行刺所用的刀经药物淬砺，刃薄如纸，受者刃到必死，难以解救。马新贻果在次日以不救告终。张文祥并未逃跑，当场自首。被抓后，遍历刑讯，终无一词。最后被判剜心而死。事后得知，张文祥刺杀马新贻，正是因为马新贻践踏了义理，杀害结义弟兄，还盗奸兄弟之妻。《民报》1908年第23期刊出的汤增璧的文章《崇侠篇》对此案评论说："马新贻督于两江，秽行昭著，戕贼旧交，艳其室而夺之。有义烈沉毅如张文祥者，磨刀霍霍，天鉴其衷，大仇已复，从容自首，决腹屠肠，神色为之不挠。"认为张文祥出于义愤的谋刺具有正义性。

4. 为扬名而行刺

"人固有一死，或重于泰山，或轻于鸿毛，用之所趋异也。"（司马迁《报任安书》）刺客将生命化作一去不返的匕首去行刺，固然可能出于义愤、出于复仇或报恩的动因，但追求功名则是任侠刺客的共性。

春秋时，鲁人曹沫为鲁将与齐国作战，兵败失地。为夺失地，在齐桓公与鲁庄公会盟于柯（今山东阳谷东北）时，曹沫手执匕首胁迫齐桓公归还了侵夺鲁国的土地。这次执匕首行动，开了历史上以短刃搏强权的先河，使刺客们坚信可以用一尺短剑拯救国家，挽救颓局，建功标名。

吴王阖闾在用专诸刺吴王僚夺回王权后，担心公子庆忌联合诸侯前来讨伐，便求教于伍子胥，伍子胥为他推荐了一位名叫要离的勇士。要离十分瘦弱，"细小无力，迎风则僵，负风则伏"（高士奇《左传纪事本末》卷五），吴王阖闾根本不相信他能行刺"万人莫当"的庆忌。但要离为了成功扬名，竟让吴王阖闾断其右手，戮其妻子，以取得庆忌的信任，得以接近庆忌。在与庆忌同乘一舟时，借助风力刺中庆忌。据《吴氏春秋》记载，庆忌钦佩要离的勇气，死前下令禁止手下杀死要离。但要离认为自己为行刺庆忌不择手段，属于不仁不义，于是自断手足，伏剑而死。由此可见，要离刺杀庆忌并不为荣华富贵、加官晋爵，成名立功是他的首要追求。

六、游侠的日常生活

　　纵观二十四史，从本纪到列传，大多记录统治阶层的政治活动。即便是统治阶层的日常，也少有记载，更不用说居于下层的游侠的日常。但人们的生活方式和生存状态决定着整个社会存在的状态。同时，也没有能够脱离现实存在的个体和意识形态。人们首先必须饮食穿住，而后才能从事宗教、政治、经济、军事等活动。司马迁在《史记·货殖列传序》中感慨"耳目欲极声色之好，口欲穷刍豢之味，身安逸乐而心夸矜势能之荣。使俗之渐民久矣"，认为对于社会风俗和人的本性，治政者只能因势利导，而无法灭除人欲，更不能与民争利。由此，认识和了解游侠的日常，也有助于分析和概括游侠的精神境界和特质，有助于辨识游侠兴盛与衰败的征象和轨迹。

（一）游侠的衣食来源

1.职业游侠的衣食来源

　　所谓职业游侠，即靠行侠而生存的人。在游侠的兴盛年代，有许多这样的职业游侠。职业游侠不治产业，平日里只是苦练剑术和勤习韬略，并四处游历，广交朋友，有的依附于某个有权势地位的卿相，有的则与三两游侠知己往来密切。这些人大都有成名和成就大业的雄心，他们在行侠中寻求实现远大抱负的机会，不断向外扩散自己的名声。至于他们的衣食来源，史书中虽无专门记载，但我们仍可以找到一些形迹。

总的来说，职业游侠在社会上生存主要有下面几种情况：

一是投奔知己，相互周济。游侠重情义，好交友，与知己朋友同荣辱、共进退的信念至为坚定，他们肯于并乐于与朋友分享自己的一餐一饭甚至自己的财产。因此，游侠大都可以从知交朋友那里获得临时或长期的资助，取得衣食来源。先秦大侠荆轲游历到燕国后，便与燕国以屠狗为业的一个屠夫及以击筑为生的高渐离结为知己，三人每天都在一起饮酒唱歌。由于其余两人都有谋生之道，而荆轲又是客人，酒后付账的理当是那两个友人。

唐进士赵中行是当时的一位著名游侠，他与女侠荆十三娘相遇后，相互引为知己，二人同行时，"赵以气义耗荆之财，殊不介意"（《北梦琐言》引自《太平广记钞》卷二九）。也就是说，赵中行遇到荆十三娘后，仗义疏财时用的都是荆十三娘的财物，而女侠荆十三娘是一位富商，她很慷慨地任由赵中行支配她的财物，毫不吝惜，因为她深知赵中行耗费她的财物，为的是尚义行侠。

明代游侠南宫生，家庭十分富有，他常用钱财周济、供养来投奔他的宾客。（高启《南宫生传》）当他陷入贫穷时，也常有人送他酒肉。

二是依傍于人，受人供养。游侠在遇到有权势、有田产并以任侠为荣的卿相和豪侠后，便常被其供养起来。燕太子丹为谋刺秦始皇，将荆轲请入客舍后，每日去拜望荆轲，并用最隆重的待客之礼——"太牢"来款待他。战国时的卿相之侠孟尝君招致食客数千人，舍弃家产，厚事宾客，设置了专供宾客吃住的宾馆。前文曾提到的游侠冯骧来投靠孟尝君时，孟尝君初时把他安排在传舍（下等宾馆）住；冯骧抱怨没有鱼吃，孟尝君又将他迁到幸舍（中等宾馆），那里的宾客可以吃到鱼；后来又迁到代舍（上等宾馆），出入就可以乘车了。（《史记·孟尝君列传》）据《史记·游侠列传》记载，汉初游侠郭解家也设有供游侠居处的馆舍。一些违法犯纪的游侠常在夜间前来投奔郭解，另一些好事之徒则等在那里，以接郭解的宾客到自己家、为郭解分担供养费为荣。即便是到了明代小说《水浒传》中，这种豪侠供养游侠的情形依旧

《柴进图》（采自明陈洪绶《水浒叶子》）

存在。其中的小旋风柴进，"人都说仗义疏财，专一结识天下好汉，救助遭配的人，是个见世的孟尝君"（第二十二回）。柴进接纳、管待过宋江、武松等多人，每日陪他们饮酒谈笑，还赠送财物给他们。

有些游侠的友人或倾慕者，以及一些遇有不平、报复心切而又无力实现心愿的平民也会把自己的财物奉与游侠，这倒并非是以钱财做交易，更主要的目的是为了显示自己对游侠的倾慕和仰仗，表明自

己对游侠的看重。如郭解徙茂陵时，"诸公送者出千余万"（《史记·游侠列传》），北魏的薛安都"少骁勇，善骑射，颇结轻侠，诸兄患之。安都乃求以一身分出，不取片资，兄许之，居于别厩。远近交游者争有送遗，马牛衣服什物充牣其庭"（《魏书·列传第四十九》），隋朝的沈光"交通轻侠，为京师恶少年之所朋附。人多赡遗，得以养亲，每致甘食美服，未尝困匮"（《隋书·列传第二十九》）等等，都是游侠依靠声望获得依附者供奉的事例。在一些富有传奇色彩的故事中，也有游侠获得奉养和赠与的情节可为佐证。其中如《太平广记》所述《无双传》中的王仙客，为求与无双重逢，曾以大量财物赠予游侠古押衙："仙客造谒，见古生。生所愿，必力致之，缯彩宝玉，不可胜记。"（薛调《太平广记》卷四八六）《青琐高议》中所述王实交友侠者孙立为父报仇的故事中，王实亦与侠者孙立每日聚在一处饮酒，孙立说王实对自己是以"国士"相待，所谓以"国士"相待，就是持续不断地将钱财送给孙立。（刘斧《青琐高议》前集卷四《王实传》）

三是打劫富豪，谋夺官府。职业游侠的特征之一就是仗剑行游，以救人急难为己任。他们固然肯于倾囊而出解救穷急之人，有时也不免打劫富豪，谋取生存的资财。汉代大侠郭解年少时曾以"铸钱掘冢"谋取钱财（《史记·游侠列传》），汉武帝时的酷吏义纵少时任侠，"尝与张次公俱攻剽"（《汉书·酷吏传》），王莽时阳翟（今河南禹州）轻侠赵季、李款"多蓄宾客，以气力渔食闾里"（《汉书·何并传》），东晋时的戴渊少时任侠仗义，常常带领同伙抢劫商旅（《晋书·戴若思传》）。

《太平广记》卷一九三记载了这样一个故事。唐开元年间（公元 713—741 年），有位吴郡人进京应举，闲步小巷之中，结识二少年。二人对他甚为恭敬，并请他去家中做客。他们领他进了一个齐整洁净的宅第，里面已备好宴席，另有二十多位文质彬彬的少年逡巡守望。午后，一辆车来到宅前，少年都出去恭敬地迎接，车帘卷起，一位容貌美丽、衣着华贵的妙龄少女款款而出，径自入堂坐了首席。酒过数巡，女子询问举子有何技能。举子想了半天，说自己可以在壁上走几步，就为女子表演了壁上行。女子深表赞赏，令其他少年各展绝技，举子被他们表现出来的神技惊呆了。过了几天，举子又路遇那二位少年，少年借走了举子的马。第二天，便听说皇宫失盗，官府搜捕，仅得到驮赃物的马，查到马主，举子被投入狱中，囚在唯有一小孔的数丈深坑里。深夜，举子正怨愤无处申诉之时，忽见有东西像鸟一样从屋顶小孔轻轻飞下，原来是那位车中女子。她用绸绢一端系住举子，又一端系在自己身上，纵身一跃，穿出小孔，直飞出京城，将举子带到离城门数十里远的地方才停下来，并告诉举子归家，以后再计求官之事。其间女子施展的绝技固然是匪夷所思，但侠客们盗窃皇宫的事情则在许多朝代中都发生过。

宋代有一位名噪一时的侠盗，人称"我来也"，因他每每作案后，必以粉书于壁上曰"我来也"。"我来也"十分机警，久捕不获。一日，这位侠盗被捕获，押在狱中。他否认自己是"我来也"，告诉狱卒说某某处有金钱财物，狱卒果然依言取得。他乘机请求狱卒夜间放自己出监，并许诺四更即回，决不牵累狱卒。当夜，侠盗如约而返。次日，外面传言王府被盗，壁书"我来也"，官府见"我来也"又在外面作案，断定监内所押定非真正"我来也"，便放了这位侠盗。（田汝成《西湖游览志余》卷二五）这又是侠盗打劫官府之一例。

明代有个叫陈范良的侠盗，是仁和县（今杭州）人，十九岁即成了绿林好汉。他曾施巧计，和另一位侠盗凌应章等联手，劫取了当地欲向京城交纳的四万余两饷银。他们悄然分了这笔巨款，官府大肆搜捕了几年，竟然无法侦破此案。（查继佐《国寿录·陈范良传》）

从游侠者的武功来说，劫夺些财物、食物定然是手到擒来的事，但他们的原则是只取不义之财，杀富济贫，侵夺平民百姓的行径是为真正的游侠所不齿的。宋代吴淑所撰《江淮异人录》中的《虔州少年》即有这类描写：

> 虔州将校钟某者，泛舟之广陵。经太和，泊舟登岸。见一少年貌甚端雅，亦求同载往扬州，钟许之，遂同行。因江次上岸，共行市中，见屠肆有豕首，欲市之，而无钱。少年曰："此亦小事。"及还船，出豕首于袖中，因曰："适以无钱而取之，今当还其值。"乃复至屠所，谓曰："吾先付而钱，少顷还取肉。"屠得钱乃不复取肉……

这位少年游侠身怀绝技，当无钱购买猪头时，他神不知鬼不觉地袖走猪头。但他又不愿侵夺一位无辜百姓，于是在取到钱后，立即略施小计偿还了应付之钱。

四是出身富豪，家庭供养。一些游侠在外面能够潇洒行事，靠的是贵族门阀之家的权势或是钱财，有的则继承了祖

上传下的遗产。尤其是一些轻侠少年，他们不事生产更主要
靠了家庭供养。南北朝时期的轻侠少年大多出身贵族或者豪
富之家，更以炫富自矜。南朝宋时期的鲍照在《代结客少
年场行》等诗中对当时的少年轻侠多有描摹："骢马金络头，
锦带佩吴钩。失意杯酒间，白刃起相仇。"他的另一首《拟
古》则这样形容："幽并重骑射，少年好驰逐。毡带佩双鞬，
象弧插雕服。兽肥春草短，飞鞚越平陆。"南朝梁诗人王僧孺
的《古意》也说这些游侠："青丝控燕马，紫艾饰吴刀。朝风
吹锦带，落日映珠袍。"鲜衣怒马，极尽豪奢。苏轼《方山子
传》中的游侠方山子"其家在洛阳，园宅壮丽，与公侯等；
河北有田，岁得帛千匹，亦足以富乐"，故而他能够成为受
当地游侠尊崇的著名游侠，"使酒好剑，用财如粪土"。

2. 非职业游侠的衣食来源

非职业游侠主要指那些散居民间的任侠者，这些人具有
侠义心肠，有一定的生活来源，有的有固定的田产，有人经
商，有人务农，有人为官，趋人之急是他们的精神特质而非
谋生手段。这类游侠平日能够安居乐业，遵循现行的社会规
范办事，只在迫不得已、万分危难的情况下才挺身而出，除
暴安良。违犯社会法规后，他们才可能退出常态社会，或流
入绿林，或成为职业游侠。

隐侠侯嬴的职业是看门人。刺客聂政以屠为业，借以奉
养母亲和姐姐。汉初的大侠朱家实际上是一位非职业游侠的
早期代表，朱家家里雇佣着相当数量的僮仆从事田间劳作，
并不以行侠作为获取钱财的手段。

太平天国首领石达开在起义前也是一位有侠行的富者，他"以财雄一方，慕游侠，好结纳，顾不择人，门下食客繁"（《清稗类钞·义侠类》）。

《清稗类钞》还记载了清代一位侠义之士杨大头由一名屠夫成为绿林中魁首的情况。杨大头，是亳州（今安徽亳县）某村的屠夫，因头大得名，平日里好打抱不平，故而身边常聚集一群无业游民。当时全国各地农民起义风起云涌，杨大头趁乱世结众于某山，专向躲避兵乱的富人收取"保护金"，从此不再做屠夫，而自封将军。《水浒传》中的鲁达，本是经略府提辖，即一个军官，只因吃酒时撞见被市井无赖郑屠户骗奸的民女金翠莲，听了她一番申诉，为替她父女打抱不平，三拳打死了郑屠户，犯了命案，这才亡命江湖。初时还只是各处游荡，后来索性投了梁山泊，成了绿林好汉。这样的事迹在现实社会中显然是有所本的。

但也有一些任侠之人，强横之徒，渐成地方强霸，如《史记·游侠列传》所述："至若北道姚氏，西道诸杜，南道仇景，东道赵佗、羽公子，南阳赵调之徒，此盗跖居民间者耳，曷足道哉！此乃乡者朱家之羞也。"这样的豪强，便与游侠精神相悖了。

（二）游侠的社会交往

游侠的游字既有交游的意思，又有游历的含义。游侠以动荡不定为特征和属性，不仅可以在游历中结识许多人，而且，他们平日的交往在中国古代那种相对封闭的社会里称得上是极为广泛的。他们上可结交王公贵戚，下可交友市井平民；既与常态社会守法公民联络，又与破落子弟、犯法流窜之徒往来。游侠肯于借交报仇的品德使社会各阶层人都愿意与他们结交，以备不测之需。下面，分几方面对游侠的社会交往加以介绍。

1. 游侠与权贵的交往

"缓急人之所时有也"（《史记·游侠列传》），而游侠肯于在人危难之时援手以救，这就使封建时代生活在伴君如伴虎处境中的臣子们乐于越过尊卑的界限与游侠交往。楚相袁盎就和洛阳游侠剧孟相友善，还曾隐藏杀人逃亡的游侠季心。他有一段话道出了个中真味：

> 剧孟虽博徒，然母死客送葬车千余乘，此亦有过人者。且缓急人所有。夫一旦有急叩门，不以亲为解，不以存亡为辞，天下所望者，独季心、剧孟耳。今公常从数骑。一旦有缓急，宁足恃乎。（《史记·袁盎列传》）

两汉开国功臣夏侯婴、太尉周亚夫、大将军卫青都有游侠朋友，原因也在于此。

部分游侠把与权贵结交作为晋身上层社会的门路。楼护就是这样一位人物。他生活在汉成帝时期，当时，外戚王氏五兄弟权倾天下，王氏五侯都豢养宾客，相互攀比，并且不允许自己的宾客与其他四人来往。楼护为了同时讨取五侯的欢心，投其所好，精心炮制了一道综合各种美味佳肴的名菜"五侯鲭①（zhēng）"（《西京杂记》卷二），凭此同时成为五侯的座上客，被举荐做了天水（治所在今甘肃通渭西北）太守、广汉（治所在今四川广汉）太守。与权贵结交的楼护后来竟得以位列九卿。

王莽时代的豪侠陈遵的祖父叫陈遂，在汉宣帝微贱的时候，和他交好，时常跟他一起赌博围棋，由此屡次欠了赌债。等到汉宣帝即位，便任用了陈遂，不久调他去做了太原太守。有一天宣帝赐予陈遂一道玺书说："制诏给太原太守：现在你官尊禄厚，可以偿还赌博时输的钱了。你夫人君宁当时在场，知道实情。"陈遂于是辞谢宣帝说："这些事都发生在元平元年赦令之前，不应再追究了。"他竟被宣帝如此优待，子孙都因此获益，就是由于与皇家的交往所致。陈遂的孙子陈遵遗传了祖辈的任侠尚气，轻财重交。陈遵住在长安城中时，所有列侯、近臣、贵戚都很看重他。凡是到任的郡县官及郡国豪杰到京师来的，没有不到陈遵门下拜访的。即使在被免官退居长安后，陈遵的家里仍然宾客盈门，昼夜呼号，来往车骑络绎不绝，酒席肉宴连续不断。

权臣的保护可使游侠得以逃脱被惩治的命运。王莽摄政时，曾一度想铲除当时豪据一方的游侠，指名搜捕西河（治所在今内蒙古东胜县境）游侠漕中叔，却抓不到人。漕中叔一向和强弩将军孙建交好，王莽怀疑是孙建将漕中叔藏匿了起来，就小心翼翼地向孙建询问，孙建却强硬地说："都知道

① 五侯鲭：一种鱼和肉合烹的杂肴。

我同他的交情好，您杀了我足可以搪塞责任了。"王莽虽然性好猜忌，但因为很倚重孙建，便不再追究这件事了，漕中叔因此逃脱一死。(《汉书·游侠传》)

一些有政治抱负和野心的达官显贵也十分注重与游侠结交，他们常常因此而获益匪浅。或在人力上得到游侠的加入，或在财力上得到豪侠的帮助。《太平广记》中《虬髯客传》即记述了唐太宗李世民因结交游侠而得到一大笔财力援助的故事。游侠虬髯客与李靖、红拂女结识后，又通过李靖及其友人刘文静与李世民相识，初次相见，即为李世民的神采所折服，"虬髯默居座末，见之心死。饮数巡，起招靖曰：'真天子也。'"为证实自己的看法，虬髯客请来一位善相的道兄，设下棋局，再一次请来李世民。李世民落座后，道士见他神清气朗，顾盼生辉，大受震慑，弃子离席。并告诫虬髯客："此非公世界也。他方可图，勉之！"劝他不要想在中原有所作为了。

虬髯客本为成就一番功业聚集了一批财物，但结识李世民后，为李世民的风采和个性所倾倒，打消了在中原建功立业的念头，并将自己的财物倾囊送给李靖，令他辅佐李世民成其霸业：

> 而家人自西堂舁（yú）出二十床，各以锦绣帕覆之。既呈，尽去其帕，乃文簿钥匙耳。虬髯谓曰："尽是珍宝货泉之数。吾之所有，悉以充赠。何者？某本欲于此世界求事，或当龙战三二年，建少功业。今既有主，住亦何为？太原李氏，真英主也。三五年内，即当太平……将

余之赠，以奉真主，赞功业，勉之哉。……"靖据其宅，
遂为豪家，得以助文皇缔构之资，遂匡大业。

李靖果然靠虬髯客馈赠的财物，辅助李世民成就了帝王
基业。

这一故事虽不尽可信，但李氏父子夺取政权过程中曾得
到豪侠支持，则毋庸置疑。

《三侠五义》中描写的包拯与游侠白玉堂、展昭等人的
交往是一种寄寓了封建文人理想的特型关系。包拯以其自身
的公正清廉和道德光芒将游侠聚集在他的周围，并供其役使；
他自己也对身边的游侠十分尊重。但这毕竟是一种统领与被
统领的关系。至明清时期，游侠与官府显贵乃至政界的一些
人士仍然保持着往来，一些义军首领夺取政权后，自然无法
斩断与绿林的血乳关系；某些权臣由于政治原因，也刻意结
交游侠朋友，更不必说自身便有侠胆义肠的人物了。"戊戌六
君子"中的谭嗣同，与当时著名大侠大刀王五交好，变法失
败，王五曾全力营救谭嗣同。民国缔造者孙中山身边也有一
群仗义任侠的猛士。

2. 游侠间的交往

早期的游侠常常生活在游侠的群体中，这与当时流行的
养士风尚有关，也给后代游侠的喜爱交友结群留下了传统。

游侠之间的交往大都建立在气味相投、信念一致的基础
上。先秦游侠荆轲与田光、高渐离之间的交往便是这样的例
证。侠士田光，为举荐知己荆轲成就英名伟业，不惜以死相

《虬髯客图》，清任渭长绘

激，以唤起荆轲的责任感。高渐离，理解荆轲的事业，在荆轲刺杀秦王嬴政未遂后，前赴后继，再一次舍生忘死行刺秦始皇。他们形成一个群体，为达成一个共同的目标牺牲自我，彼此成就，互相激励，钱财甚至生命在他们之间是共享的关系，他们也因此共享侠者的声名和光荣。

游侠间的交往因其异于常人的特性显得比常人间的交往简单、透明得多，他们往往一经相遇，即见出分晓。有的一语不合，就拔刀相向，从此分道扬镳；也有的从此即成为肝胆相照的朋友，共同分享财物、荣誉，同生死，共患难。"风尘三侠"虬髯客、李靖与红拂女三人之间的交往便印证了游侠间"金风玉露一相逢，便胜却人间无数"的弥珍情谊。李靖是隋朝一位文武兼通的才子，在他还是一介平民时，希望凭借雄才大略说服司空杨素，得到重用。他去拜望杨素，并向杨素献出奇策，但杨素不以为意，而身后有一执红拂的女妓久久注视着李靖。在李靖走后，红拂女向小吏探听到李靖的住处，连夜私奔到李靖所在旅舍。李靖问她姓氏，她说："姓张。"李靖问她排行，回答说："最长。"李靖得到红拂女，既喜又惊，为避杨素追索，决定回太原暂避。途中投宿到灵石的一处旅舍。二人安排下床位，在炉中

红拂女墓

煮着一锅肉，红拂女因发长及地，故而站在床头梳头。李靖在一边刷马。忽有一虬髯男子乘着一匹蹇（jiǎn）驴而来，进店后，虬髯男子将革囊投到炉前，取过一个枕头侧卧在上面，看红拂女梳头。李靖十分恼怒，红拂女对虬髯客审视再三，感觉虬髯客并非孟浪之徒，而是位不拘小节的大英雄。于是，她一手握发，一手影在背后示意李靖不要躁怒。她急急梳妆完毕，上前施礼请教虬髯客的姓氏。虬髯客说："姓张。"红拂女便道："妾亦姓张，应当以妹相称。"上前便拜。虬髯客遂称红拂女为"一妹"，红拂女转身招李靖前来拜见兄长。三人意气相投，从此结为知己。此事收入唐人小说《剑侠传》中的《虬髯客传》，但李靖及夫人张出尘（即红拂女）则实有其人。李靖是李唐的常胜将军，湖南醴陵则有红拂女墓址，传说李靖南平岭桂时，红拂女随行，唐贞观十四年（公元640年），红佛女因病在今醴陵病逝，葬于西山。

游侠的相交常以饮酒论艺、比武抒怀、感慨人生为内容。史书上记载了不少游侠在一起饮酒、游戏、斗剑的情况。这些将在后面讲到游侠的暇娱生活时做详细介绍。

历代的农民起义、秘密会社、绿林组织大都是由一些气味相投、肝胆相照、信念一致的豪杰大侠发动倡导的，因为侠义之士有很强的感召力和凝聚力，容易一呼百应，唤起众人的同情。如宋代的义军领袖宋江及其僚属，史书上说"宋（江）之为人，勇悍狂侠，其党如宋者，三十六人"（陈泰《所安遗集补遗·江南曲序》）。清末的石达开与杨秀清在起义前都是行侠仗义的地方豪杰，二人以意气相投，结为莫逆之交。他们各自的门下，都聚集着一批游侠少年。石达开还与当地的绿林巨盗有交往，因此被官府拘捕，投入监狱。杨秀清得知消息，聚众劫出石达开，二人这才随洪秀全起义，成为太平天国的领袖人物。

3. 游侠与女性的交往

游侠生活动荡无定，常因违法杀人漂泊异乡，故而家庭观念较为淡漠。虽然念念不忘尽孝父母的侠客很多，却很少有他们顾念妻儿的记载留下来。女性中和他们交往最多的是在封建时代由于身份的特殊而行止相对自由的倡（娼）妓。游侠与倡妓的交往，在古代描写侠客生活的诗词中时有反映。李白有一首《少年子》就展现了游侠狂放不羁的生活态度：

青云年少子，挟弹章台左。

鞍马四边开，突如流星过。

金丸落飞鸟，夜入琼楼卧。

夷齐是何人，独守西山饿？

张籍的《少年行》也有"百里报仇夜出城，平明还在倡楼醉"的句子。这里的"琼楼"与"倡楼"，都是倡妓所在之地。

倡妓与游侠同样身在江湖，在人生境遇上相似，很容易与游侠形成共同的人生观念。游侠与倡妓交往，可以不承担责任，无所牵挂，同时又可以满足漂泊与孤寂中情感上的需求。到了后来，游侠与倡妓间的交往，更成为游侠风流洒脱的一种身份标志。五代王仁裕所撰《开元天宝遗事》说："长安有平康坊，妓女所居之地。京都侠少萃集于此，兼每年新进士，以红笺名纸，游谒其中，时人谓此坊为风流薮泽。"唐时一位名叫周皓的游侠，谈到了他因为结交名妓，惹出一起人命案的经过。他说："我年轻时常结交豪族侠士，大家一起做花柳之游，还隐匿犯法逃亡的罪人。我们只要听到城中哪位倡妓有名，就会像苍蝇闻见了腥味一样，叮住不放。当时有个叫靖恭坊的妓院，有一位名叫夜来的名妓，年少貌美，歌舞绝伦，贵族公子都不惜倾家荡产结识她。我和周围的朋友都很有钱，更加不惜一切地巴结她。一天，她的母亲对我说：'过几天是夜来生日，你可不能让她感到寂寞啊！'我就与朋友们到处去搜求奇珍异宝，凑集了数十万钱财，聚到她家里饮酒。还请了当时最有名的乐工贺怀智、纪孩孩等人演奏。大门刚刚关上，忽然听到敲门声，我不许开门。许久，门被砸开，有位紫裳少年，带着数十名随从，骑着马闯进来，原来是高力士的养子。他大骂夜来的母亲，夜来和母亲都哭着向他施礼求情，客人们都要散去。我当时血气方刚，仗着自己力能扛鼎，带的人又不少，就上前斥责他仗势欺人，抬臂就打，将他打倒在地上，流血不止……"周皓后来逃到一位侠士家中，躲过了搜捕，又辗转他乡，过了许多年亡命生活。(《酉阳杂俎》卷十二《语资》)

由于游侠所交往女性群体的特殊性，导致游侠对女性的态度时常是轻视和轻蔑的，在双方的交往中，女性更多的是充当供其排遣的玩物。秦汉时有关燕丹与荆轲的传说中就留下了这种无视的印记。燕太子丹为了让荆轲开心快意，令美女为荆轲弹琴，荆轲说爱美女弹琴之手，太子丹立刻令人斩断美女双手，奉与荆轲。《史记》中也说燕丹为笼络荆轲，"间进车骑美女，恣荆轲所欲，以顺适其意"。在这种叙事中，美女与车骑珠宝是一个地位，都是器物一般的存在。唐司空图《冯燕歌》中述及一个唐代魏地（今河北境内）的游侠冯燕的故事，表现出同样的价值取向。冯燕是位轻侠少年，擅长斗鸡击球，因替别人排解纷争而拔刀杀人，为避追捕逃往滑州（治所在今河南滑县），为滑州刺史贾耽所赏识而留属中军。在滑州期间，冯燕与军将张婴的妻子勾搭成奸，一天正留宿张家时，张婴大醉而归，冯燕慌忙躲在门后。张婴进屋倒头便睡，冯燕头巾恰好落在张婴佩刀旁，冯燕示意张妻取巾，不料张妻错会其意，递过佩刀让冯燕杀夫。冯燕转恨张妻不义狠毒，一刀结果了张妻。次日张婴酒醒，见妻子已死，怀疑自己酒后失手。邻人将张婴缚送官府，定为死罪，行将就戮时，冯燕分开众人，高喊："是我私通了他的妻子，又杀了她，应当抓捕的是我！"法官为冯燕侠气所动，上报贾耽。贾耽上书皇上，请求免职以赦冯燕，皇帝也为冯燕侠义所动，竟然下诏赦免滑城全部死囚犯人。由此可见，冯燕对张妻，不过逢场作戏，并不想对其承担责任，也无视张妻的感情与感受，而整个社会舆论都支持冯燕的作为。宋代张齐贤写的《洛阳缙绅旧闻记》中有一类似故事，叙述五代有一个叫向珙（gǒng）的人，年少时倜傥任侠，曾与潞州某人的妻子有私情，后因该女请人杀死自己的丈夫，向珙转恨此女无情，便杀掉此女并为此逃离家乡。

游侠无视女性的情感的表现，反而常常成为他们表证自己是真豪杰的侠行。相传宋太祖赵匡胤微时任侠，从强盗手中救出一位名叫京娘的女子，又千里迢迢护送京娘返家。京娘感激赵匡胤的侠义之举，欲以身相许，赵匡胤坚执不允，而京娘只能自缢以全其名。正统观念认为"大丈夫难免有情欲之事"（《汉书·朱博传》），但只有不以女色为念，才算好汉胸襟。故而游侠行事中只顾全自己的名誉，在不影响其侠义名声反能成全其风流韵事的时候，他们不吝于及时行乐；而当交游女性与侠名发生冲突时，他们必然弃女人如敝帚以全英名。

史载袁盎为吴相时，有个从吏与袁盎侍妾私通，袁盎得知此事后，并未声张。有人用此事恐吓从吏，从吏吓得逃跑了，袁盎却亲自将他追回来，把那名侍妾赐给他，还像从前一样善待他。景帝时，袁盎出使吴国。吴王谋反，欲杀袁益，派五百人包围了袁盎住处，那位从吏此时任校尉司马，就设下两百石佳酿，灌醉了五百兵士，放走袁盎，并告诉他自己就是与其侍妾私通之人（冯梦龙《情史类略》）。袁盎是位有名的侠士，史家渲染此事，实际是将此事当成了袁盎襟胸宽广的一个美谈。人们普遍认为袁盎这样做很合情理，而袁盎竟也因此受益，可见这种轻视妇女的观念在当时是很通行的。

游侠与倡妓之间亦有真情可见。共同的命运使他们更易产生"同是天涯沦落人"的感慨。亦有性情侠烈的倡妓甘愿与游侠患难与共，生死相随，其行事往往胜于男儿。《情史类略》记载，明代口西侠戴纶与倡妓邵金宝关系十分密切。戴纶为京营参将时，因为与咸宁侯相友善而被牵连入狱，将判杀头之罪。戴纶见离家几千里，难以取得联络，便将三千两黄金尽数交给邵金宝，叮嘱她："我生死不可预测，如果念我的旧情，保留好这些金子等我的消息。"邵金宝含泪收下金子，开始四处奔走，替戴纶说情。她用这些黄金与权贵结交，还买来少妓供市井富儿嬉戏，以此赚取钱财去为戴纶与权贵周旋。十余年后，终于替戴纶洗刷了罪名，戴纶被释放出狱，后来重又做官。

游侠中也有女性，由于游侠之间相互以信义为重，反而不会因性别关系对女侠有所歧视。《原化记》所叙"车中女子"的故事中，讲到游侠们对那位容貌美丽、武艺超凡的青年女子个个恭敬异常，待她如待贵客，她到来时都恭敬地立于车后迎接，席间也服从她的差遣。（《太平广记》卷一九三）

（三）游侠的暇娱生活

1. 仗剑习武

在游侠产生的初期，兵器铸造业已相当发达。剑是"百刃之君"，由于长短适中，既可迅速投入搏杀又便于佩带，故而成为兵器中最常为人携带的武器。西周和春秋时期的士人都有佩剑的习惯，明代李贽说过："古者男子出行不离剑佩，远行不离弓矢，日逐不离觿（xī）砄。"（《焚书》卷五）而游侠的特殊身份和生存状态，更使人们将刀剑与他们紧密相连，也有人将游侠称作剑侠。

先秦时的赵惠文王十分好剑，他身边豢养了三千多名剑客，每日从早到晚观看这些剑客比剑，到了近乎疯狂的程度。那些剑客"皆蓬头突鬓，垂冠，缦胡之缨，短后之衣，瞋目而语难"（《庄子·说剑》）。游侠当然不会像这些剑客一样，为比武而生存，但是，抑强扶弱等侠义行为除了要求游侠有侠心侠情外，还要求他们有一定的武力与武功。中国历史上最早的一位剑侠应数《吴越春秋》中所记载的越女。她是生长在越国山阴南林的一位女侠，酷爱击剑，不只剑术超群，而且有一套自成一家的剑术理论。她认为："凡手战之道，内实精神，外示安仪。见之似好妇，夺之似惧虎。布形候气，与神俱往。"她曾助越国的范蠡建功立业。初出茅庐便击败了老剑客袁公的挑战，迫使袁公不得不上树遁逃。唐代诗人李白有首《侠客行》，描写了这一时期的剑侠形象："赵客缦胡缨，吴钩霜雪明。银鞍照白马，飒沓如流星。十步杀一人，千里不留行。事了拂衣去，深藏身与名。"

指南針勢
乃上平鎗法
其類用近手
中平而著數
不離六合之
變有心演悟
二十四勢之
中可破其半

四夷賓服勢
乃中平鎗法為六
合鎗之主作二十
四勢之元妙變無
窮自古迄今各械
鮮有當其鋒諸
勢可拔其趣

青龍獻瓜勢
乃孤鴈出群鎗
法勢勢之中著
著之內發鎗剳
人不離是法

十面埋伏勢
乃下平鎗法門
戶緊於上平機
巧不亞中式精
於此者諸勢可
降

习武招式示例（采自《纪效新书》，文津阁《四库全书》）

先秦时期，亦有许多铸剑名师，这些人本身即有武功，或者属于任侠之士。据晋干宝《搜神记》记载：楚国有对夫妻名叫干将、莫邪，俱是铸剑名师，他们用三年时间造出雌雄双剑：干将、莫邪。后来，这两个名字成为好剑的代称。

战国时期有不少武艺高强的剑侠。如史载荆轲爱好读书击剑，曾经与著名剑客盖聂谈论剑术，结果不欢而散："荆轲尝游过榆次，与盖聂论剑，盖聂怒而目之。荆轲出，人或言复召荆卿。盖聂曰：'曩者吾与论剑有不称者，吾目之；试往，是宜去，不敢留。'使使往之主人，荆卿则已驾而去榆次矣。使者还报，盖聂曰：'固去也，吾曩者目摄之！'"（《史记·刺客列传》）由此可见盖聂是一位自恃剑术高超而傲慢无礼的人，他与荆轲论剑产生分歧，就恃强挑衅，见荆轲退却就认为是荆轲胆怯。殊不知荆轲有着远大的抱负，怎肯因小失大，但也因此认识到两人并非同类，就此与盖聂分道扬镳，再无交集。相传，鲁勾践也是当时一位剑术名家。荆轲游历到邯郸（今河北邯郸），曾与鲁勾践玩一种博戏①，二人争执不下，鲁勾践生气地呵斥荆轲，荆轲默不作声地走开了，以后再不去见鲁勾践。后来鲁勾践听说荆轲刺秦王没成功，深为自己没能同荆轲探讨刺剑之术而惋惜。后人也有不少人认为荆轲刺秦王没能成功，是由于他剑术不精："惜哉剑术疏，奇功遂不成。"（陶渊明《咏荆轲》）可见击剑习武在游侠生活中占有多么重要的地位。春秋时期的刺客专诸，便由于精于使用鱼肠剑，故而在刀丛林立之下仍能成功地行刺吴王僚。剑

---

① 博戏：如同下棋的一种游戏。

侠聂政，因杀人避仇隐于屠者之中，但剑术并未生疏，因为每日的屠者生活给了他以演练武艺的机会，故而他能直入相府刺杀韩相侠累，如入无人之境。

后代多有以剑术闻名的武艺高超者。汉高祖刘邦自年少就仰慕信陵君，曾投身到信陵君门客张耳门下。刘邦拔剑斩白蛇起事，能够一剑将白蛇腰斩，名扬天下，也说明了他剑术了得。汉初张仲和曲城侯蛊逢都以善于击剑闻名，后来也因此立下卓越战功，史书记载"齐张仲、曲城侯以善击刺学用剑，立名天下"（《史记·日者列传》）。魏文帝曹丕在《典论》中不仅讲述了他年少在父亲曹操的教导下习武练剑的经历，还历数了当时的剑术名家。其中说道，曹丕曾师从多人学剑，在他看来，各地剑法有所不同，只有京城剑术最为高深。桓、灵二帝在位期间，有位虎贲将军王越擅长剑术，闻名京城。河南人史阿曾追随王越习剑，深得其法。曹丕师从史阿，学到了这门剑术的全部精髓。曹丕曾和虎牙将军刘勋、奋威将军邓展一同饮酒，听说邓展擅长使手臂，通晓五种兵器，能够空手入白刃，曹丕就和他讨论了很长时间剑法，认为邓展的剑术不正宗，而自己则是发自内心地热爱剑术，还得到了真传。邓展听后，坚持要与曹丕比剑。当时二人正喝到酒酣耳热，恰好在享用甘蔗，就以此为剑，曹丕在殿下与邓展数次交手，三次击中邓展手臂。左右都大笑不已。邓展不服气，要求再比试一次。曹丕假意说："我的剑快而集中，很难击中对方的面部，因此只是打中了你的手臂。"邓展说："我还想再比一次。"曹丕知道这次邓展一定会突然间向中路猛攻，就假作向前进击，邓展果然如曹丕所料，向前猛冲，曹丕却迅速退步闪过。出手从上方截击，一下击中邓展的额头，这一下使得一同喝酒的人都禁不住惊叫起来。比剑结束后，曹丕和邓展二人还座继续畅饮，曹丕笑着对邓展说："从前有一个名医叫阳庆的，他曾叫淳于意将自己的旧秘方全部抛弃，另外教授他的秘术，我看邓将军还是把旧技抛弃，接受新的击剑方法吧。"话音刚落，满座都不禁欢笑起来。

唐代的笔记小说中也记录了一些剑术高超的侠者形象。唐黎干为京兆尹时，在曲江塗龙祈雨，观者数千。黎干到时，独有一老人拄杖不避。黎干大怒，将老人杖背二十下，这二十杖却像是打在皮革上，老人受刑后掉臂而去。黎干看出老人深藏不露，忙跟踪到老人住所，进门便拜，他说："我作为京兆尹，威稍损则失官政，您隐迹埋形，不是独具慧眼之人，不能识得您。如果您因此责怪别人冒犯了您，就是引诱别人上当，不能算义士的居心。"老人笑道："是我的过错。"于是在地上摆设酒席，请黎干饮酒。席间谈及养生之术，说得黎干甚为敬畏。夜深了，老

《兰陵老人图》，清任渭长绘

人道："老人有一技，让我表演给您看。"就进了内室，许久，紫衣朱鬈而出，拿出长短七口宝剑，舞于庭中，挥舞跳跃，剑光如电闪雷激一般。有一柄二尺多长的短剑，时时逼近黎干的衣裙，黎干吓得叩头不止。过了一顿饭的工夫，老人掷剑于地，剑插在地上如北斗形状，回头向黎干说："刚才我是试试你的胆气。"黎干回家后，仿佛大病一场，对镜一看，胡子被拂落一寸多长。

这段故事记载在唐段成式的《酉阳杂俎》中，同书还记有建中（公元 780—783 年）初年一士人韦生遇一僧侠的事。二人在几番比试武艺后，相互敬佩，遂在一处切磋武艺："僧终夕与韦论剑及弧矢之事。"可见在唐代晚期那个战乱频仍的年代中，人人自危，为自保及救人，当时的游侠更重武功。这一时期的笔记小说中遂多有剑术高超、身怀绝技的侠者，如聂隐娘、红线、荆十三娘等都是名显后世的剑侠。

在现实生活中，唐代游侠也多好剑术。李白在《与韩荆州书》中提到自己"十五好剑术"，这一点在李白同代人魏万的《李翰林集序》中得到了证实，其中提及李白年少时即任侠放浪，曾经"手刃数人"。当时有不少咏侠诗中都将剑与侠联系在一起，使侠士佩剑这一形象固化下来："重义轻生一剑知，白虹贯日报仇归。"（沈彬《结客少年场行》）"宝剑黯如水，微红湿余血。"（温庭筠《侠客行》）"白玉鹿卢秋水剑，青丝宛转黄金勒。"（阳缙《侠客控绝影》）等诗句都描绘了佩剑游侠的形象。

《酉阳杂俎》中有一段故事讲到一位少年游侠在出道前必须经受比武较艺的考验。故事说，唐建中初年，游侠韦生在带妻儿迁往他乡的旅途中遇一僧人。僧人一路与他同行，又邀他到自己庄园一聚。韦生觉出僧人非同一般，疑心他为强盗，决定先发制人，用暗器铜丸突袭僧人，弹丸正中其脑，僧人却似没有知觉。在连中五发后，僧人才摸着自己的后脑，慢慢地说："您别再恶作剧了。"韦生知道自己遇到了武林高手，只好听任僧人将其带至一个庄园。僧人表示自己的确是强盗出身，因见韦生武艺高超，想请他替自己教训儿子飞飞。于是僧人叫飞飞出来参见韦生。飞飞年才十六七，碧衣长袖，皮肉如蜡。僧人对儿子道："你且到后堂去等待。"又交给韦生一把剑和五个铜弹，对韦生说："求您尽全力替我杀了这个逆子，不要让他拖累我。"他把韦生引入后堂，反锁上门。堂的四个角落点着灯，飞飞手执一短鞭。韦生射出铜弹，原以为定会击中飞飞。谁料飞飞用鞭子将弹丸击飞，自己跃到了梁上，像猿猴一样，在壁上攀缘。韦生的弹丸射尽，仍然没有击中飞飞。于是用剑向飞飞击刺。飞飞在距韦生不到一尺远处上下翻飞，韦生虽然将飞飞手中的鞭子断成数节，却终究伤不到飞飞身体。僧人过了许久才打开门，问韦生："您替我除了那祸害了吗？"韦生据实回答。僧人很怅然的样子，转身对飞飞说："这位郎君帮忙证明你确实能做强盗了。"

　　这个故事中的所谓强盗，实际上是符合我们书中的游侠的标准的。僧人一伙讲信义，重然诺，豪爽大度，所以在冯梦龙的《太平广记钞》中，将此篇题为《僧侠》。僧人虽口口声声让韦生"为老僧断之"、"尽艺杀之"，但实际上，他只不过是为飞飞出道后能否敌得过众多强手，卫护自己生命而担心，故此才让武艺高超的韦生与其较艺。在飞飞的武功得到证实后，他表面"怅然"，实际上却是大大地松了口气，同意飞飞走上游侠之路。苏轼《方山子传》中的方山子在年少时任侠习武，苏轼记述他曾在岐亭山下，见到方山子带着两名骑马的随从，身藏两箭，在西山游猎。只见前方一鹊飞起，他便叫随从追赶射鹊，未能射中。方山子拉紧缰绳，独自跃马向前，一箭射中飞鹊。随之，方山子就在马上与苏轼谈论起用兵之道及古今成败之事，自诩为一代豪杰。

游侠在行游过程中，不仅注意精修武艺，还时刻寻找与其他武功高手切磋技艺的机会，有时不惜上门讨教，或专门寻找武艺高强的对手比武较艺。这种情况在武侠小说中往往成为展开故事情节的契机，且愈演愈烈，导致武林高手为较艺争名而相互残杀。现实中这种情况虽不像小说中描写得那么残酷，但亦时有发生。据《清稗类钞·技勇类》载，清代雍、乾时有九位著名武侠，江宁甘凤池即为其中之一。他力大如神，精于内家和外家拳术。一次，他到济宁游历，当地有位豪族李公子，也是武林高手。知道甘凤池来到，摆下盛筵请来甘凤池。见面后二人拱手相揖行礼，凤池正弯腰时，李公子趁机将一只脚由他头上闪过。甘凤池像是不曾发觉，仍旧饮酒谈兴，尽兴而归。李公子正笑其徒有虚名，并洋洋自得时，甘凤池派人送来一个纸包，打开纸包，里面有青、白二块一寸左右的绸子。李公子想了半天，这才想到自己穿的夹裤即青白二色，连忙低头检视，只见裤裆撕开一个洞。原来李公子抬脚时，甘凤池的手早已撕下一块他裆中的夹裤。

当时以武艺与甘凤池齐名的还有一位姓达的游侠。一次，他乘马出山东道，遇到一个小男孩推着一个车子走在前面，

拋架子捲步披掛補
上腿那怕他識右橫
左採快如他飛架一掌
不知天地
拈肘勢防他弄腿我
截短須認高低劈打
推塵要皆依切勿手
腳忙急

一霎步隨機應變左
右腿衝敵連珠恁伊
勢固手風雷怎當我
閃驚巧取
擒拿勢封腳套子左
右厱一如四平直來
未逢我投活恁快腿
不得通融

中四平勢實推固硬
攻進快腿難來雙手
逼他單手短打以熟
為乘
伏虎勢側身弄腿但
來湊我前撐看他立
站不穩後掃一跌分
明

雀地龍下盤腿法前
揭起後進紅拳他退
我雌顛補衝來短當
休延
朝陽手偏身防腿無
絲鎖逼退豪英倒陣
勢彈他一腳好教師
也喪

比武招式示例（采自《紀效新書》，文津閣《四庫全書》）

车上坐着一位少妇。只听少妇呵斥男孩道："达爷来了，为什么还不快让开？"男孩随手把车举起来，放在路旁。达某大为惊异，知道自己遇到了武林高手。傍晚，他投宿到一个小旅店里。店主人正是那位少妇，两人都没说什么。第二天早晨，达某付店钱时，把数好的钱放在桌上，用手一按，钱都嵌入桌中。少妇往前走了几步，用手掌拍了一下桌案，钱全部迸出桌面。达某深为叹服，这才离去。

同书还记述清代吴庭晋富而任侠，精于剑术。客居楚地时，有一天，一位束发少女跟着一位老人突然登门造访，请求与吴庭晋比较剑术。吴庭晋向她询问姓名，少女不肯说，只约吴在一湖边相见。到了约定的时间，吴庭晋前往湖边，少女早已捧剑立在那里，穿着很漂亮的衣裙。吴庭晋让她更换剑装，少女回答说："用不着。"语音未落，手中剑已化道白光逼近吴的头顶。吴庭晋急忙出剑抵挡。少女一剑快过一剑，剑风飒飒有声，吴庭晋被剑光所绕。吴庭晋愈退，女子的剑逼得愈近，吴庭晋十分惊惧，奋身跃出八九步外，口中道："姑娘真是神技，请不要再逼迫我了。"少女这才停下来，微笑着说："您能够抵挡住我的剑，也算不容易了。怪不得我师傅称您是他的高足弟子。"吴庭晋十分惊诧，再一询问，才知他们系师出同门。少女是因为不服气才找他前来比武。

前面几番比武较艺的游侠多出于善意，点到为止，并不想真的置人于死地，对手间充满了尊重和理解。但游侠中也确有妒贤嫉能之辈，对于技长于己的人耿耿于怀，有杀之而后快之心。清代游侠纪人龙曾在一任侠友人潘某处见到一次以性命相搏的比武。潘某非常有钱，家中常常聚集着四方技勇之士。纪人龙在这群游士中见到一位坐在末座，敞衣露肘、头发蓬乱、一言不发的少年。纪人龙问潘某此人来此多久，潘某说将近半年。纪又问他有何本事，潘略带嘲讽地说："没听说他有何本事，只不过跟着在堂上喝粥吃饭罢了。"众人听了都大笑起来，少年仍不言语。过了几天，大家又聚在一块儿吃饭、喝酒，忽然，一位面色如铁的大汉叩门求见，他一身劲装，向潘某拱手言道："听说今天众英雄聚会，特来观看。"他扫视着座中人，看到少年时，说道："你也在这里啊！"少年只是低头不语。潘某请来客坐在上座，只见此人酒量和饭量都比常人多一倍。来客又说："今日相聚，机会难得，各位何不各献技艺，我也有薄技呈请大家指教。"潘某十分高兴，将酒席移至演武场，拿出众人所用的器械，无非是手握的弓或腰中带的剑。来客笑道："各位只可算掌握了技艺，却不能算掌握了武术的精髓。"说着从衣服下面抽出二柄佩剑，盘旋腾跃，初时如同雪浪翻卷，其后好似白光绕身。起初众人观看时，少年站得最远，不久众人渐渐远避，正惊愕不已时，来客突然举剑直击少年。少年急忙逃避，只听他衣袖砉（huā）然有声，也拔出两剑，快如金蛇出洞，左右刺击，与来客的白光相遇时，发出森森寒气。众人都不由退出十余步。过了许久，白光渐缩，在土墙边收为一团，只听一声长啸，来客已随白光逝去。众人忙上前，只见少年一人背手立在墙阴，就问少年怎么回事。少年说："我二人都是学剑之人，且为同师，因为我技艺比他高，故而他不能容我，已与我狭路相逢比过七次剑了。起初我听说这里主人的侠名很大，觉得门下一定有许多奇才的侠士，倘若他再来找我，可以助我一力，却不料尽是些碌碌之辈。主人不过是个重表面文章的人，不值得与我共语，我就此告辞了。"说罢一跃，登上了屋顶，便不见了。(《清稗类钞·技勇类》)

此故事中的来客毫无同门之谊，几次三番欲将少年置于死地，其心可谓妒恶异常。在后来的武侠小说中将这种人物的恶性愈发推演至极端，成为主人公武功精进的反面动力。

游侠的武功高超与否对于他们成名和实现抱负十分重要，故而他们大部分闲暇时间是用来练功习武的。"吴刀鸣手中，利剑严秋霜。腰间叉素戟，手持白头镶"(张华《博陵王宫侠曲二首》)，是游侠的平常装束。前述那个少年剑客的故事中曾提到潘某家中有专门为游侠们开辟的演武场。在《聂隐娘》的故事中记有剑侠习剑练武的情形：聂隐娘十岁时被一老尼带至山中学艺。她先学攀缘，在峭壁上飞走，渐渐练得身轻如风。一年后，剑术已可刺猿穴百无一失，不久就能斩下虎豹的首级。三年后，聂隐娘已可纵身飞起刺中鹰隼。到了第四年，老尼将她领到都市，教授她行刺的技巧，终至白日刺人于都市，人莫能见。精湛的武功终于使聂隐娘能够随心所欲地选择明主，并得以战胜武功高超的刺客精精儿和妙手空空儿，保护了主人，保住了自己的声誉。这个故事虽带有传奇色彩，但是游侠若想在江湖立足或施展抱负，的确要下大气力练就一身功夫。清代朝廷命官马新贻为霸占结义兄弟的妻子，将结义兄弟迫害致死。张文祥为替义弟报仇，两次行刺马新贻未遂，于是匿迹两年，精练刺术，练就一刀刺穿五层牛皮的臂力和十步之外能飞刀灭烛的绝技，刺杀了马新贻，报了仇。清末义侠大刀王五，以刀成名。可见无论刀枪剑载，习武是游侠生活中的一个重要内容。练就一身精湛的技艺是特殊生存环境对于游侠的基本要求。

2. 饮酒纵情

传说"仪狄始作酒醪（láo），变五味，少康作秫（shú）酒"（《世本》）。酒产生之初，主要作为祭祀之用，到了游侠开始兴盛的时期，饮酒已成为社会生活中很普遍的一种享乐内容，只不过对于游侠这种特殊的社会性人物来说，酒使他们的性情特质得到更加淋漓尽致的发挥，也使他们的冒险凛冽的人生增添了一些色彩和温度。史书记载，战国时期著名刺客荆轲特别爱好饮酒，他初到燕国的时候天天和所结识的友人，即那个宰狗的屠夫及高渐离在燕市上喝酒，喝得似醉非醉以后，高渐离击筑，荆轲就和着节拍在街市上唱歌，且歌且乐，转而几人又相拥而泣，仿佛这世上只有他们自己。

《三国志·魏书·武帝纪第一》记载魏武帝曹操年少时好为游侠，"任侠放荡，不治行业"，他终日与人饮酒赋诗，飞鹰走马，饮酒和习武也成为他毕生的爱好。《三国演义》中多处以饮酒刻画曹操的个性和才干。"青梅煮酒论英雄"，写曹操与困顿时的刘备共饮，酒酣时刻说出"天下英雄惟使君（刘备）与操耳"之语，既是惺惺相惜，又是当面试探；"温酒斩华雄"一节，当袁绍等人听说关羽只是一个弓马手，对关羽表现出蔑视时，曹操却"酾热酒一杯，与关公饮了上马"，而关公果然在杯中酒尚温之时，献上华雄之头。由此又一次证明了曹操爱才识人的品性。上述两事虽然皆为《三国演义》中的文学创作，但曹操喜欢饮酒，精研酿酒之术则

有据可查。据《齐民要术》记载：东汉建安元年（公元 196
年），曹操曾将家乡产的九酝春酒进献给献帝刘协，并上表说
明九酝春酒的制法，留下了古法酿酒工艺的珍贵纪录——《上
九酝酒法奏》。文中说："臣县故令南阳郭芝，有九酝春酒。
法用曲三十斤，流水五石，腊月二日渍曲，正月冻解，用好
稻米，漉去曲滓，便酿法饮。日譬诸虫，虽久多完，三日一
酿，满九斛米止。臣得法酿之，常善，其上清滓亦可饮。若
以九酝苦难饮，增为十酿，差甘易饮，不病。今谨上献。"曹
操著名的《短歌行》："对酒当歌，人生几何？譬如朝露，去
日苦多。慨当以慷，幽思难忘；何以解忧，唯有杜康。"抒发
了古代英雄人物的生命感慨。他的另一首诗作《对酒》则是
一位由少年轻侠成长为一个有着宏大使命感的政治家在酒精
作用下的社会理想表达。在《对酒》的世界里，正可谓，君
圣臣贤、讼狱不兴、国富民殷、五谷丰登、世无战乱、路无
拾遗、老有所养、人以寿终、万物共生、世界清平。驻扎在
这位政治家内心深处的那个侠者的灵魂，在这首诗作中有了
更为宏大的展现：

对酒歌，太平时，吏不呼门。

王者贤且明，宰相股肱皆忠良。

咸礼让，民无所争讼。

三年耕有九年储，仓谷满盈。

斑白不负戴。雨泽如此，百谷用成。

却走马，以粪其土田。

爵公侯伯子男，咸爱其民，以黜陟幽明。

子养有若父与兄。犯礼法，轻重随其刑。

路无拾遗之私。囹圄空虚，冬节不断。

人耄耊，皆得以寿终。恩泽广及草木昆虫。

　　游侠居无定所，狂放无忌，有时喜欢独来独往，难免生出寂寞之感；有时喜欢聚集成群，与肝胆相照的挚友知交结伴而行。这些时候，都需要有种东西能助他们排遣寂寞的情感或是宣泄快乐的感受。王维的《少年行》就描绘了少年轻侠饮酒纵情的生活："新丰美酒斗十千，长安游侠多少年。相逢意气为君饮，系马高楼垂柳边。"杜甫的一首《少年行》中则刻画了一个豪放不羁、饮酒纵情的豪侠形象："马上谁家白面郎，临阶下马坐人床。不通姓字粗豪甚，指点银瓶索酒尝。"由此可见，酒这种特殊的饮品，既宜独酌，又宜聚饮；既可以壮英雄之胆，又可慰寂寥之心，故而最宜成为游侠酷爱的饮品。

　　游侠饮酒，有时是为了显示自己狂放和豪勇的气度。《吕氏春秋·当务篇》中有一个故事将饮酒的这种作用推向极致，其中说：

　　齐之好勇者，其一人居东郭，其一人居西郭，卒然相遇于途，曰："姑相饮乎？"觞（shāng）数行，曰："姑求肉乎？"曰："子肉也，我肉也，尚胡革求肉为？"于是具染①而已，因抽刀而相啖（dàn），至死而止。

––––––––––––

① 染：豆酱。

　　两位游侠为比试勇武，在喝得半醉半醒的状态下，互相割取对方的肉蘸着调料来下酒，双方都不肯告饶，不肯退让，在饮酒鼓起的勇气中，在酒的麻醉下，视死如归。

　　酒后，最能暴露人性的弱点；酒后，最能显示人类的豪情。在酒的麻醉和刺激下，平日里最谦恭的人可能会变得骄傲而不可一世，平日里最软弱的人可能会变得异常坚强和胆大妄为。游侠在酒后，往往更显强悍和冲动。因此，因酒惹下祸患的游侠大有人在，酒后仗义任侠，做下义举的游侠也比比皆是。正如古诗所谓："笑尽一杯酒，杀人都市中"（李白《结客少年场行》），"失意杯酒间，白刃起相仇"（鲍照《代结客少年场行》）。酒能壮侠客胆，促发侠者的豪情壮志。酒也能激发矛盾和仇恨，引发仇杀和血案。

　　汉代游侠郭解的外甥，仗势欺人，与人饮酒时强行劝酒。那位被强行灌酒的游侠不甘受辱，借酒使气，杀了郭解的外甥；汉代灌夫"为人刚直使酒，不好面谀。贵戚诸有势在己之右，不欲加礼，必陵之；诸士在己之左，愈贫贱，尤益敬，与钧"（《史记·魏其武安侯列传》）。灌夫是位专爱抑强扶弱的性情中人，尤其是喝酒之后爱耍酒性。对于权势高过自己的人一定要想尽办法欺凌，对于官阶低于自己的人则反倒敬爱有加，平等对待。一次在酒席上，他见众人都阿谀得势的武安侯田蚡，而冷落失势的魏其侯窦婴，十分气愤，于是使酒骂座，借着酒劲嘲讽阿谀田蚡的两位官员，激怒了田蚡，田蚡在皇帝面前告状，灌夫为此被处以"弃市"①之刑。这都

---

① 弃市：死刑，在街市上执行。

是饮酒致祸的例子。

汉代游侠陈遵，风流倜傥，文采卓然，更是嗜酒豪侠的典型。陈遵年轻时，由于打击槐里地方造反的大盗赵朋、霍鸿等人有功，被封为嘉威侯。陈遵嗜酒，富于文辞，善书法，他的书作，被当时人收藏以为荣。但陈遵最著名的轶事则是他纵情饮酒，狂放不羁，最后死于酩酊大醉之中。"陈遵投辖"就在后世成为酒席宴上盛情款待宾客的一个典故。

陈遵喜欢饮酒，每次举行酒宴，等到宾客满堂时，常常关上门，把客人车子上的辖①投入井中，哪怕有急事，也不能出去。曾经有一位部中的刺史因公来拜访陈遵，正好赶上他在狂饮，被扣留在陈家。刺史十分窘迫，待陈遵酩酊大醉时，他只好进内堂拜见陈遵的老母，叩头告诉她自己和尚书约好还有公事要谈，陈遵母亲便叫他从后门出去。

王莽时，陈遵任河南郡太守，他的弟弟陈级任荆州牧一职，要去赴任了，兄弟二人路过一位长安富豪的家，这位富豪是故淮阳王的外家左氏，二人乘官车进入左氏家的巷子，在他家饮酒作乐，醉酒后还留宿在左氏家中。后来有个名叫陈崇的司直听说此事，便向朝廷参奏说："陈遵兄弟侥幸蒙受圣恩，超越等级，历任官位，陈遵的爵号已到列侯，官职达到郡守，陈级也官至州牧，奉命出使，都应该以保举正直、监察邪曲、宣扬圣王教化为己任，但是他们现在却不修身自慎，专做有失体统的事。当初陈遵刚做官时，他竟乘着带篷的车子进入闾巷，去寡妇左阿君家中摆酒唱歌，陈遵还起身

---

① 辖：大车轴头上穿着的小铁棍。

狂舞，竟失足跌倒在座上，夜间又留宿在寡妇家，被侍婢拥扶着才去睡觉。陈遵明知饮酒宴会都应该遵守礼节，依照礼节不得擅入寡妇家门，却仍旧沉溺于饮食享乐之中，还不顾忌男女有别的礼规，轻辱朝廷赐予的爵号，使官府的印绶蒙羞，这种恶名耳不忍闻。因此请求将他们二人一同免职。"陈遵被免官后，又回到长安，但还是不改旧习，宾客越来越多，仍和从前一样终日饮酒作乐。

陈遵与张竦是好友，但两人性情各异。张竦廉俭自守，陈遵放浪不羁。陈遵很喜欢当时的黄门郎扬雄写的《酒箴》，曾对张竦说："我和你正像文中所写的那样。你时刻讽诵诗书，苦身约束自己，不敢稍有差池，而我却任性放纵，沉浮于世俗之中，官爵功名，也不次于你，却独能享受快乐，这不比你更好些吗！"张竦却认为自己守的是常道，普通人是可以效仿自己的；而陈遵虽然也得到了荣华富贵，但属于特立独行，不易让旁人仿效。但张竦的命运竟然和陈遵相仿，都被乱兵所杀。

更始帝时，大臣们推荐陈遵做了大司马护军，并与归德侯刘飒一同出使匈奴。匈奴的单于胁迫陈遵投降匈奴，颇有侠风的陈遵毫不畏惧，向单于陈明利害，说清曲直，单于很佩服他，让他返回汉朝。不料此刻更始事败，陈遵只好留居在朔方，后来在酩酊大醉中被贼兵所杀。

酒后仗义行侠的也大有人在。唐代有位尚书胡证与晋公裴度是同年及第，常一起游玩。一次裴度在外游乐时被十几个恶人围住，眼看要受羞辱。胡证闻讯赶到，破门而入，先端起酒来连饮三大钟，差不多有几升酒。杯中不曾剩下一滴酒。然后端起铁灯台，摘去枝叶，合起台脚，横置膝上。规定饮酒时必须三钟斟满，一次九钟，不许滴酒，犯禁者以铁台击之。有人为胡证气势所惧，饮酒不净，洒了下来。胡证举台便要打，吓得众人连忙叩头乞命，狼狈而逃。胡证借酒使气，解除了裴度的急难。（王定保《唐摭言》）《水浒传》中武松打虎，剪除一方祸害，正是在满饮了十八碗烈酒之后。陆游的《剑客行》也表现了游侠酒壮行色，杀人报仇的情形："酒酣脱匕首，白刃明霜雪。夜半报仇归，斑斑腥带血。"

游侠饮酒，更多的是以酒会友。"相逢意气为君饮，系马高楼垂柳边。"（王维《少年行》）"好鞍好马乞与人，十千五千旋沽酒。赤心用尽为知己，黄金不惜栽桃李。"（李白《少年行》）清末女侠秋瑾亦有"不惜千金买宝刀，貂裘换酒也堪豪"的诗句。饮酒，是游侠间交往、结识知己的媒介。唐代，游侠聚饮纵乐的情况极为普遍："长安侠少，每至春时结朋联党，各置矮马，饰以锦鞯金络，并辔于花树下往来，使仆从执酒皿而随之，遇好囿则驻马而饮。"（《开元天宝遗事》）

"风尘三侠"初次相逢，酒是他们各现豪情、相与倾心的一个重要因素。虬髯客与李靖、红拂女相见后，劈头便问："有酒吗？"李靖回答："旅店西边即是酒肆。"李靖取回一斗酒。三人喝过一巡后，虬髯客道："我这里有点下酒物。"于是打开随身携带的革囊，取出一个人头和心肝，又把头收回革囊，用匕首切心肝，与二人共食。口中说："这人是天下最负心的人。我追踪了他十年，如今终于抓到了。我已没有什么可遗憾的了。"

且不说食人心肝毕竟是件很野蛮的事情，但饮酒的确给了三人以推心置腹、互诉身世和抱负的机会，使三人由相识至相知，三人的关系终成为令后世称羡的佳话。

游侠以"游"为基本生存形式，酒自古就是饯行、接风的必备之物，因此，游侠在出游前以酒壮行色的例子就更多。战国时期，荆轲行刺秦始皇前，燕太子丹就在易水岸边为其摆酒送行。荆轲饮酒放歌，吟出了"风萧萧兮易水寒，壮士一去兮不复还"的千古绝句。

清代道光年间的石达开武功高强，曾在衡阳一地的古寺中向数百个弟子传授拳术。寺前有幢一丈高、三尺厚的石碑。一日，石达开将要远行，弟子们设酒送行。酒后，石达开说："我的门下数陈邦森武功最高，我跟你比一比。我身子贴在碑上，任凭你击三拳，然后我也照此打你三拳。"陈邦森以拳打在石达开的肚子上，石达开的腹部像海绵一样软，这三拳都像隔着海绵打在石碑上一样。石达开还击陈邦森时，陈自知敌不过，忙侧身避开，石达开一拳打下，石碑已裂为数段。（《清稗类钞·技勇类》）这个故事中不仅提到游侠在游历前常常以酒壮行色，由同道摆酒送行，还描绘了师徒乘酒兴比武较艺的情形。石达开一拳竟然将石碑打裂，其武功固然极其高强，而酒力也为他增添了三分神勇。

酒还使得原本就不避法禁的游侠更加恣意妄为，索性冲破禁网，走上与现政权对抗的路径。前所提到的宋代王寂常与侠少饮酒放歌，自得其乐。一日酒后，王寂遇到邑尉率吏卒到乡间办差，吏卒仗势欺人，凌辱王寂，王寂借酒杀了邑尉一干人，率酒友们聚啸山林，成了盗魁。清代亳州人杨大头"尚气力，使酒任侠，横于亳"，由此取得众人拥戴，在乱

世成为群盗领袖。(《清稗类钞·义侠类》)

3. 斗鸡走马

醉生梦死、狂放不羁，是一般酒客的共性；挥霍无度、追求刺激和侥幸，则是赌徒普遍的心理。这两种心态在游侠身上都有所体现。一个游侠的灵魂里，往往兼容着放浪与寻求刺激的酒客与赌徒的特质。故而在闲暇时刻，斗鸡走马赌博飞鹰，常能令游侠沉迷其中。南朝陈良的《游侠篇》概括了游侠的闲暇生活图景：

> 洛阳丽春色，游侠骋轻肥。
> 水逐车轮转，尘随马足飞。
> 云影摇临盖，花气近熏衣。
> 东郊斗鸡罢，南陂射雉归。
> 日暮河桥上，扬鞭惜晚晖。

唐代王褒有首诗《游侠篇》可与此相映照：

> 京洛出名讴，豪侠竞交游。
> 河南期四姓，关西谒五侯。
> 斗鸡横大道，走马出长楸。
> 桑阴徒将夕，槐路转淹留。

这首诗里，王褒谈到游侠狎妓与交游权贵，也提到了游侠斗鸡走马和豪赌与群聚。名讴，即著名的歌妓；五侯，指当时权重一时的外戚王氏五兄弟，此处借指有权势之人。这些游侠的日常生活中即以结交名妓、交游权贵、斗鸡走马为主要内容，从早到晚，沉醉于其中。

《战国策》中记有苏秦的一段话说："临淄甚富而实，其民无不吹竽、鼓瑟、击筑、弹琴、斗鸡、走犬、六博、蹋鞠者。"由此可见，斗鸡、走犬等游戏是从先秦时就已在民间流行了。其中的几种游戏后来逐渐发展为专门的赌博性的游戏。

博戏，是如同下棋的一种游戏，用掷采的方式按得到的齿采而行棋，然后决定胜负。掷采的工具叫六博，因此博戏亦叫六博。战国游侠荆轲曾与鲁勾践一起玩这种游戏。二人在游戏中发生争执，鲁勾践呵斥荆轲，荆轲却一声不响地走开了。荆轲是个有远大志向的侠客，自然不会为区区小忿拔剑相向，但二人终而未能建立起友谊。可见赌博的确是一种危险的游戏，会令意志不够坚定和强大的人深陷其中，并因小失大。

斗鸡也是一种非常古老的赌博性游戏。是把经过人们特殊训练的、具有好斗性的鸡放在一起，使其互相争斗，以决胜负。它和飞鹰、走犬等赌博游戏一样，是有闲、有钱之人的娱乐项目。游侠在不需刀剑相向时，基本是衣食有靠、闲暇多多的浪子，故而多数游侠都喜欢这类娱乐。汉代游侠袁盎十分喜欢斗鸡走犬，并和一些游侠少年终日聚在一起，玩这类游戏。(《史记·袁盎列传》)《西京杂记》中记载汉代游侠李亨爱好此道，称："汉茂陵少年李亨好驰骏狗，逐狡兽；或以鹰鹞逐雉兔，皆为嘉名。狗则有修毫、厘睫、白望、青曹之名；鹰则有青翅、黄眸、青冥、金距之属；鹞则有从风、孤飞之号。"（引自冯梦龙《太平广记钞》卷二十九）曹操的任侠也与斗鸡走狗等赌博行为有关。《三国志·魏武帝纪》注引孙盛《异同杂语》说："太祖少好飞鹰走狗，游荡无度。"袁术"少以侠气闻，数与诸公子飞鹰走狗"（《后汉书·袁术传》）。隋朝上大将军周罗睺（hóu）年轻时"任侠放荡"，"善骑射，好鹰狗"（《隋书·周罗睺列传》）。唐代，社会愈趋繁荣，骄奢淫逸之风盛行。斗鸡、走马、飞鹰等赌博游戏更为流行，这时的游侠好此道者更多。据沈亚之《冯燕传》记，唐代游侠冯燕"少以意气任专，为击述斗鸡戏"。到了明清时期，仍有一些游侠整日斗鸡赌博。明代高启有篇《书博鸡者事》，其中的主人公就是一位专事斗鸡、"不事产业，日抱鸡呼少年博市中"的游侠。

著名诗人李白对于赌博游戏也很沉迷，不少诗篇描写了自己和其他游侠的赌博经历。"有时六博快壮心，绕床一匝呼一掷"（《猛虎行》），描述的是他自己的赌博情形。"淮南少年游侠客，白日毬猎夜拥掷？呼卢百万终不惜，报仇千里如咫尺"（《少年行》），渲染了游侠们的豪赌场面。可见，游侠视赌博为任侠身份的一个标志，在赌博中尽显狂放无忌的性情。勇于赢得钱财却不贪恋钱物，重声名而不重钱物，是游侠区别于一般赌徒之处。

七、游侠与统治阶层的对立关系

游侠的功于私名、奋于私斗、结党联群、自成势力，游侠的无君臣观念、无家庭观念、只为义气和名气而生存的信念，都不容于大一统的封建国家的道德和法律，而且往往会被统治者视为最危险的不安定因素，加以无情打击。实际上，自秦始皇统一六国后，游侠就一直遭受着来自统治阶层的打击与镇压，专制和集权越严重的时代，对游侠的压制就越严酷。

（一）游侠对律令的破坏与对抗

游侠对封建国家的威胁首先是由他们好勇斗狠、目无法纪的特性造成的。早在战国时期，法家思想的集大成者韩非就在他为封建君主提供的治政经典《韩非子》中道出了这种危害。他说："侠以武犯禁"，"行剑攻杀，暴傲之民也，而世尊之曰廉勇之士。活贼匿奸，当死之民也，而世尊之曰任誉之士"（《韩非子·五蠹》）。即他认为，世人所赞誉的游侠的品质，正是他们的危害所在。

1. 目无法纪，枉杀无辜

游侠爱重名誉，为标节立名，不惜采取非常手段，不惜违抗法律，甚至不惜牺牲性命。所谓"士可杀而不可辱"的信念在游侠的观念中是十分坚定的，正是这一点，有时使他们走向极端，目无法纪，枉杀无辜。《列子·说符》中载有这样一件事：

> 梁有富人虞氏，财资无量，登高楼临大路，陈酒博弈其上。楼下侠客相随而行，楼上博弈者争采而笑。会飞鸢坠腐鼠，正中侠客，侠客闻楼上笑，谓虞氏以鼠投己，夜聚攻灭虞氏。

富人虞氏在高楼上饮酒赌棋，时常因争齿采而笑。楼下有一群侠客经过，正好一只飞鸢口衔腐鼠飞过，腐鼠掉落在一名侠客头上。侠客听到楼上笑声，以为是虞氏向他投鼠取乐，一怒之下，当夜聚集起来屠灭了虞氏一家。

这群游侠只因怀疑虞氏侮辱了自己，便不惜大开杀戒，残酷无情地杀戮了一家无辜之人。他们所重视的并非无辜者的生命，而是他们自己的尊严与名誉。

同类事件还发生在著名的卿相之侠孟尝君身上。一次，孟尝君经过赵国，赵国的平原君很客气地接待了他。赵人听说过孟尝君的大名，都出来观望，见了他不由都笑起来，说："原以为孟尝君一定很高大，现在一看，原来是个小矮子。"孟尝君听后大怒，令他手下的门客下车砍杀了几百人，几乎屠灭了赵国的一个县。（《史记·孟尝君列传》）

2. 标节立名，借躯报仇

为标节立名，许多游侠甚至不惜借躯复仇，即替朋友杀掉他们的仇人。

东汉时，崔瑗的兄长为人所害，崔瑗杀死仇人后逃亡。魏朗的兄长亦为乡人所杀，魏朗竟在白日操刀将仇人杀死在县中，然后逃亡到陈国。

在当时，法令规定父兄被害，当诉于官，官不理而后可行私报。但因为当时轻生尚气已成习俗，游侠为求高义之名，根本不肯报官，一定要自行生杀；不只如此，还有人借躯报仇，代人雪耻。东汉游侠何颙（yóng）、郅恽都曾替友人报复仇人。游侠这种自掌生杀的行为，无疑给统治阶层带来威胁，也给社会治安带来混乱。

3. 仗势欺人，为患乡里

游侠主要与为害百姓、欺压平民的土豪恶霸和官府作对，但也有些任侠之人放纵自己或是身边之人仗势欺人，给周边无辜之人尤其是平民百姓的生活带来祸患。汉初的大将军灌夫立有战功又任侠使气，酒后更加放纵，常因失去理性而生出事端。一次，灌夫与长乐卫尉窦甫喝酒，灌夫喝醉了，打了窦甫。窦甫，是窦太后的兄弟。汉武帝很看重灌夫，恐怕窦太后杀灌夫，便调派他担任了燕国国相。几年以后，又因犯法丢官，闲居在长安家中。即便丢官闲居，灌夫家中积累的资产仍有几千万。灌夫喜欢养客，每天的食客少则几十，多则近百。为了在田园中修筑堤塘，灌溉农田，他的宗族和宾客扩张权势，垄断利益，在颍川一带横行霸道。颍川的儿童于是作歌唱道："颍水清清，灌氏安宁；颍水浑浊，灌氏灭族。"

晋人周处年少时，任侠逞凶，被乡里人视为一个祸患。他的家乡义兴（今江苏宜兴）地区水中有蛟，山中有虎，常常侵害百姓，故而人们将周处、蛟和虎并称"三横"，并且认为周处比那两害更可怕。有人还设计游说周处杀虎斩蛟，实际是希望三害相斗，减免掉其中任何一害，都使百姓获益。（刘义庆《世说新语·自新第十五》）《史记》中记载游侠椎埋为奸、掘墓盗冢、杀人越货的例子也很多。《世说新语》中还记有另一位游侠的劣迹：

> 戴渊少时游侠，不治行检，尝在江淮间攻掠商旅。陆机赴假还洛，辎重甚盛，渊使少年掠劫。渊在岸上，据胡床指麾左右，皆得其宜。渊既神姿峰颖，虽处鄙事，神气犹异。

戴渊后来在陆机的劝导下悔过自新，做了将军。周处也改邪归正，为民除害，成为忠臣孝子。但毕竟大多数游侠很难成为循规蹈矩的忠臣孝子。虽然游侠多以锄强扶弱为业，但其无视律令约束的行为也不免威胁到常态社会中的无辜百姓，正因为如此，平民社会对游侠的态度是既有企盼，又有畏惧，游侠也就与平民社会永远存在着一段距离。

（二）游侠对政权的威胁和颠覆

当然，最仇视和畏惧游侠势力的，是封建社会的统治者。

因为侠烈之士蔑视强权，他们只重义理，不重君臣观念，当现实中的政权与他们的信念相冲突时，他们会采用激烈手段打破现实秩序，直至剑指不可一世的最高统治者。

1. 对吏治构成威胁

任侠之士谋刺、攻击政府官吏的事件在各个朝代都时有发生。汉成帝时，长安的一些游侠公然收受钱物，替人谋杀官吏。他们以弹丸抓阄，抓到红丸去杀武官，抓到黑丸去杀文官，抓到白丸的替死去的同伙操办丧事，使得"城中薄暮尘起，剽劫行者，死伤横道，枹（fú）鼓不绝"（《汉书·酷吏传》）。

唐代中后期，藩镇割据，宦官弄权，朋党争势，使得社会异常纷乱动荡。这一时期，游侠与刺客往往为人所用，介入政治纷争。因此，这个时期权臣被刺的案件多有记载。唐宪宗元和十年（公元 815 年），宰相武元衡与藩镇王承宗、吴元济等人产生矛盾，王承宗等人遂遣刺客刺杀武元衡。这一年六月三日，刺客埋伏在武元衡上早朝的路上，首先击灭武元衡一行的照明灯烛，又分头射伤卫兵，趁混乱之际，将武元衡的坐骑挟持到一边，用利器击碎了他的颅骨。（《旧唐书·武元衡传》）与此同时，由于大臣裴度支持武元衡的主张，故而也遭到谋刺。（《旧唐书·裴度传》）唐文宗时宰相李石也曾遭刺客伏击。历史上还传说宦官李辅国曾令刺客携铁锤潜入皇宫，击伤玄宗李隆基，致使其丧命。（苏鹗《杜阳杂编》）

游侠打抱不平的主要攻击对象是称霸一方的土豪劣绅和与其相勾结的地方上的贪官污吏。元至正年间（公元 1341—

199 七、游侠与统治阶层的对立关系 | 199

1370 年），袁州（治所在今江西宜春）有个专事斗鸡的游侠，他为人强横，不事生产，整天抱着鸡伙同一群少年轻侠在街市上赌博。由于他十分好斗，当地的游侠都对他退让几分。当时的袁州太守体恤百姓，很得民心。有位新得势的臧姓朝廷显贵到袁州巡视，袁州太守觉得自己年长而有德行，故而慢待了他，还开了他一句玩笑。臧某十分恼怒，怀恨在心。正赶上袁州有个土豪曾被太守处以杖刑，就诬陷太守受贿。臧某将太守抓起来，胁迫他服罪，将他免去官职。袁州百姓都很气愤，但不知该如何办。

有人在街上看见了正在游荡的斗鸡人，觉得他或许能管管这件不平事，就激他说："你一向有勇名，却只靠它来欺负穷弱之人罢了！那个土豪仗着他有钱，诬陷咱们贤明的太守，咱们没了父母官，你能替太守申冤吗？"斗鸡人说："可以。"当即跑到贫民区，招来几十名健壮少年，在路上拦劫土豪。

土豪华衣秀服骑着马，身后跟着一群奴仆驰骋而来，斗鸡人直冲上前，将他揪下马，挥拳便打。群奴都惊散而逃。斗鸡人剥下土豪的衣服自己穿上，又骑上土豪的马，将土豪驱赶到马前，反绑着游街。还让他自己呼喊："快看诬陷太守的人！"一步一呼，不喊就挨棍子，打得土豪后背都是棍伤。土豪的儿子纠集了宗族僮奴百余人想夺回父亲。斗鸡人迎上去说："你要想让你父亲早死，就上来打，否则就关上门好好等着，我走完了这条街，就放了你父亲。"土豪儿子只好把人撤了回去。袁州城的百姓都过来围观，大快人心。官府里的官员也暗地里放任不管。到了晚上，斗鸡人责骂了土豪一顿，土豪不敢嚣张，叩头谢罪，斗鸡人这才放了他。

接着，斗鸡人又大书一幅二丈长的标语，上写"屈"字，用竹竿挑着，到行御史台①上诉。台臣不予受理，斗鸡人便和他的同伴们每天举着"屈"字横幅在金陵（今南京）街市上游行。台臣无奈，只好审理此案，将太守官复原职，罢免了臧某的官职。一时间，斗鸡人以义侠之名扬声东南地区。（高启《书博鸡者事》）

游侠精于武功者居多，多数人深信以恶抗恶的处世哲学，因此在他们打抱不平时，不免常常超越法律的规范行事。《水浒传》中"鲁提辖拳打镇关西"一节里，侠士鲁智深三拳打死强骗民女金翠莲的屠户镇关西，真是痛快淋漓。但实际上，郑屠户之罪应由官府判处，而鲁达"只指望痛打这厮一顿"，却不料义愤填膺，下手便失去了分寸。清代少林寺武僧如秀奉行的原则即是"遇暴行暴，制暴必过暴。若制暴必得藏奇技，制暴众则安，乃为普济众生也"②。他们把自己等同于法官，根本无视现行的权力机构的存在。宋代以后，任侠之士在触犯律条后往往进入绿林，直接与官府成为对立面，他们"视州县若无有，观诏条如等闲"，前叙宋代王寂的故事，便是典型的一例。

据《清稗类钞·义侠类》记载，粤人石达开重义轻财，喜爱结交各路豪杰。当地有一巨盗占据过山的交通要道，杀人越货，过客无一幸免。有一位闽商挟重赀经过，不敢前往，于是找到石达开请求庇护。石达开便将商人留在家中，决定

---

① 行御史台：中国古代的监察机关叫御史台，御史台在外所设的机构叫行御史台。

② 德虔：《少林武僧志》，北京体育学院出版社 1988 年版，第 92 页。

派人护送其过岭。盗魁得知这一消息，大怒，率领一百多人，找到石达开门上要人。石达开请盗魁进门，向他晓以利害，说商人辗转他乡赚点微利，很是不易。自己受人之请，又已允诺给人以帮助，就不能失信。并问闽商带了多少钱。商人回答说五千。石达开令人拿出黄金五千，陈在桌上，替商人向盗魁求情。盗魁大为震撼，深为石达开重义轻财的豪侠气概所动，于是二人饮酒论交，相见恨晚。盗魁放掉商人，石达开坚持将五千黄金赠予盗魁，盗魁只得接受了一半。

盗魁回去后，打听到石达开的生日，便准备了大批礼金替石达开祝寿，以报答石达开。石达开摆酒三天宴请宾客，盗魁也在座陪同，有人将此事报告了邑令，说石达开藏匿强盗，为害地方。邑令也垂涎石达开的财富，便领兵将石达开及盗魁抓入狱中。石达开的好友杨秀清率人劫出石达开，几人因此投靠洪秀全，成为太平天国的领袖人物。

历代农民起义的首领多为任侠之士。他们往往靠结社、结拜和乐善好施等侠义行为聚集民众，自成势力，成为统治者最大的威胁，以至到了清代的《大清会典》中，已将歃血结拜等同谋叛。（《大清会典》卷一九四《刑部·奸徒结盟》）

2. 对公权力构成威胁

游侠对封建国家和统治者的另一个巨大威胁在于他们以结私交和立威名形成一定的势力，以至"权行州域，力折公侯"。这一方面表现在他们常常凭借个人威望替代官府解决某些民事纠纷；另一方面则表现在他们与王侯公卿结交，进而得到一定的保护，建立更高的威望。

　　游侠在民间行使权力的例子很多。汉武帝时，游侠郭解为洛阳两个结下仇怨的家庭调停的事，就是证明。由此可见，当时人们解决民间纠纷可以不经官司，由一些有威望的大侠居间调停。而且游侠已为自己划定了势力范围，这个权力还得到其他游侠的承认和尊重。

　　清代亳州的游侠杨成，绰号杨大头，在兵乱频仍之际聚众行权。在躲避战乱时，有家儿子听信妇人之言，将母亲扔在路上，而背着妇人奔逃。其母呼之不应，只好坐在道边。匪寇追上来，见是老妇，才没有淫掠。邻居可怜老人，搀扶着她追上了人群。过了几天，匪寇又至，儿子又扔下母亲，还抱怨邻居多事。邻居把这事告诉了杨成。杨成在壶里温上酒，生起火来，派人去叫那儿子。那人来后，杨成不加审问，亲手割下他的肉，放在火上烤了下酒，接着，他令帐下一百余人同时举刀，将那人身上肉割尽。杨成又令绑了那人的媳妇，打了一百杖，配给一个养马的人。又把粮食贴补给老人，众人都称赞他处罚公正。史载杨成"驭下严酷，虽故人，一言不合，辄戮之"（《清稗类钞·义侠类》）。可见他深信自己具有生杀予夺的权力，而且这种权力得到了"帐下"之人以及一般平民百姓的承认。因为当"邻人"感到那个当儿子的不守孝道时，他当即"告成"，即向杨成报告，实际是期待杨成公正地处理此事。杨成剐了那人，"众称公明"，并没有人认为他擅权行事。

3. 对统治者直接构成威胁

　　游侠最为统治者所不容之处，在于他们重视义理而无惧权势，其中的卿相之侠对于王权构成威胁，而游侠中的刺客将复仇之剑直接指向了最高统治者。春秋时期的伍子胥，父亲被楚平王无辜杀害。伍子胥弃国出逃，与侠士专诸、要离等结交。多年以后，伍子胥仍不忘复仇之志，带吴国军队荡平楚都，将已死多年的楚平王掘墓鞭尸；战国侠士荆轲、高渐离为名为友，前赴后继谋刺秦王嬴政；汉代开国功臣张良也曾为报父祖之仇，与刺客在博浪沙狙击秦始皇；清代吕四娘入宫行刺过制造文字狱迫害其祖父的雍正帝。而卿相之侠由于生存在权力中心的边缘，既是专制君主倚赖的力量，又是极易引起君王忌惮的对象。战国四公子中信陵君的遭遇就说明了这种现象的普遍存在。

信陵君魏无忌是魏安釐王的异母弟，在秦国逐步对各个诸侯国展开鲸吞，魏国逐步走向没落的历史时期，信陵君以国家兴亡为己任，积极辅政，延揽宾客，联络各诸侯国抗衡秦国。信陵君为人仁爱宽厚，礼贤下士，士人争相前往归附于他，门下食客常达数千人，故而威名远扬，各诸侯国连续十多年都不敢动兵侵犯魏国。但是，信陵君的权势和威望也引起魏安釐王的猜忌。

有一次，信陵君正跟安釐王下棋，北边边境传来警报："赵国发兵进犯，将进入边境。"安釐王立即放下棋子，就要召集大臣们商议对策。信陵君却劝阻安釐王说："是赵王打猎罢了，不是进犯边境。"又接着跟安釐王下棋，仿佛无事一般。可是安釐王惊恐，全无心思下棋。过了一会儿，又从北边传来消息说："是赵王打猎，不是进犯边境。"安釐王听后很惊讶，问道："公子是怎样知道的？"信陵君答道："我的食客中有人能探知赵王私下的信息，赵王有什么行动，他就会立即报告我，我因此知道这件事。"从此以后，安釐王因害怕魏无忌贤能，不敢任用其处理国事。

待到信陵君窃符救赵之后，因担心受到惩治，常年滞留在赵国。秦国由于信陵君滞留在外，开始侵扰魏国。魏安釐王迫于形势，派使者到赵国请求信陵君回国主持抗秦。由于两位隐侠毛公、薛公的劝谏，信陵君放弃前嫌和私怨返回魏国拯救国家，做了魏国的军队统帅。

公元前 247 年，魏无忌派使者向各诸侯国求援，各国得知魏无忌担任了上将军，都纷纷派兵救魏。魏无忌率领五个诸侯国的联军在黄河以南大败秦军，使秦国将领蒙骜战败而逃。联军乘胜攻至函谷关，秦军紧闭关门，不敢再出关。这次合纵攻秦的胜利，使魏无忌的声威再次震动了天下。

秦王忌惮魏无忌，因此派人持万金到魏国离间安釐王和魏无忌的关系，同时派人到魏国境内假装祝贺魏无忌登上王位。因此，安釐王更加怀疑魏无忌，于是派其他人代替他执掌魏国兵权，五国攻秦计划夭折。

魏无忌从此心灰意冷，回到魏国之后，为了避免魏王的猜忌和迫害，他不再上朝，每日沉迷酒色。四年之后（公元前 243 年），魏无忌去世。从此魏国失去在诸侯国间享有强大号召力的中流砥柱。十八年后，魏国被灭。

即便信陵君并未企图谋夺魏王的王权，但由于他屡建奇功、声震天下而成为魏王的威胁，终究无法摆脱令魏王忌惮的现实。

确实有的游侠怀有政治野心，利用游侠身份招徕民众，聚集财物，以图实现自己的抱负。历梁陈两代的豪侠留异，横行乡里，常凌侮贫贱，在梁代侯景之乱时，他乘机"纠合乡间，保据岩阻，又在山岭立栅自固，存自王之心"（《陈书·留异列传》）。

袁绍、曹操等人在汉室行将倾覆之际，皆心存大志，以任侠来替自己扬名。《三国志·武帝纪》记载，一次，曹操潜入中常侍张让的室内，被发觉后手舞短戟越墙而出，武艺无人能敌。靠这份声名，他得以在风云变幻的历史关头聚合民众，并成为领袖人物。三国时的董卓早年也是一位游侠。他广交豪杰，不惜杀耕牛来宴请友人，令友人十分感动，友人回去以后集聚了千余头杂畜赠予董卓。这个时期的许多开国元勋，如鲁肃、典韦、许褚、李阳、李元忠等都曾身为游侠，有过任侠行为。史载鲁肃体貌魁奇，少有壮节。见其时天下将乱，乃学击剑骑射，招聚少年，供其衣食，借在山中射猎之机，讲武习兵，学习军事。为了结识豪杰之士，他变卖田产，倾散家财，终于聚合轻侠少年百余人，投身于逐鹿中原的纷争中，得以建功立业。汉末，许褚聚少年侠士及宗族数千家，建立堡垒抵御流寇的侵犯，建立了威名，后归入曹操旗下，成为一员猛将，许褚身边的侠客亦都受到重用。明朝协助朱元璋创立基业的徐达、常遇春等人也都曾为游侠或有过任侠行为。《明史·列传第十三常遇春传》中说：常遇春，"貌奇伟，勇力绝人，猿臂善射。初从刘聚为盗，察聚终无成，归太祖于和阳"。所谓"为盗"不过是正史对农民义军或绿林组织的称呼，这说明了常遇春确曾有过绿林经历。

这类怀有政治抱负的游侠，在改朝换代的年代中自然成为新立君王仰仗的力量。而他们翻手为云、覆手为雨的巨大能量，则必然令掌握了王权的统治者畏惧和猜忌，从而又使他们成为统治者首要的防范和打击对象。宋太祖赵匡胤微时任侠使气，曾千里相送受强人掳掠的京娘返乡，清白无犯。拥立他登基的部下亦不乏侠义之士，但赵匡胤称帝后，却时时担心这些有威望、有侠节的部下夺他的权，于是用"杯酒释兵权"的手法夺了他们的兵权，厚加赏赐让他们回乡赋闲。赵匡胤的做法虽然刻薄，但还称不上残忍。实际上，统治者对威胁他们政权的游侠一向采取的是无情的镇压和迫害的态度，手段堪称残忍、毒辣。

（三）历代统治者对游侠的打击与镇压

为封建专制统治者定下惩治游侠的理论基调的是法家的代表人物韩非，他认为儒和侠都是导致国家混乱的因素。其中侠由于"以私剑养"，即形成游离于国家政权之外的私人武装力量，以及"弃官宠交"即不重为国家效力而以私交为重等特性，被韩非列为国家的首要危险。中国古代的第一位集权制君主秦始皇由于身受游侠之害，故而采纳了韩非的镇压观点。

游侠荆轲虽谋刺秦王未果，却促使秦王立即开始了对游侠的镇压，他在辖区内"逐太子丹、荆轲之客，皆亡"。但刚愎自用的雄主毕竟有不同常人的惜才之心和特异之情，不久，他召回了荆轲的游侠朋友、善击筑的高渐离。他将高渐离的眼睛弄瞎，作为对他的惩罚，然后留他在宫里击筑，以供自己享受。后来高渐离举筑击向秦始皇，使秦始皇认清了侠客们身不死则杀不止的强烈复仇意识，认清了他们为殉信念和友情义无反顾的大无畏的牺牲精神，这才痛下杀心，诛杀高渐离，再不敢让各诸侯国的旧人近身。"遂诛高渐离，终身不复近诸侯之人。"（《史记·刺客列传》）

秦始皇还曾于始皇帝二十九年（公元前218年）和三十一年（公元前216年）两次遭到侠客的谋刺。一次是在博浪沙，即前面所述张良等人的谋刺；另一次是在京城咸阳，秦始皇微服夜出，在兰池受到攻击，险些丧命。这两次谋刺的结果都直接导致秦始皇在全国范围内对游侠的大肆搜捕。

秦始皇对游侠的打击只是专制统治者与游侠的初次但并不成功的较量。而汉代统治者对游侠不懈的剿杀，是造成游侠兴盛时期迅速成为过去的重要原因。在整个汉代，游侠遭受的打击是连绵不断的，也是致命的。

汉高祖刘邦时即开始对于豪侠养士产生疑忌，因此，当有人向他密报说大将陈豨大量养士，并且礼贤下士，用平等的态度对待宾客时，他开始怀疑陈豨图谋反叛。显然，曾为轻侠的刘邦了解礼贤下士、平等待人的态度背后包藏着的雄心和抱负，或可能包藏着的威望和权势。于是，刘邦就命人追查陈豨的宾客在财物等方面违法乱纪的事，果然其中不少事情牵连到陈豨。陈豨得知此事后，不得已发起叛乱，很快就被刘邦消灭了。刘邦通过调查陈豨的宾客违法乱纪的行为来达到打击陈豨的目的，可见，陈豨的养客虽然给他带来了权势和声誉，但也埋下了毁灭的根由。

汉文帝诛杀游侠有史可察的便是他捕杀了郭解的父亲，

因为郭父是一名游侠。景帝时这种捕杀较前更多，这在《史记·游侠列传》中有所记载："符离王孟，亦以侠称江淮之间。是时，济南瞷（Xián）氏、陈周庸亦同豪闻，景帝闻之，使使尽诛此属。"说的是，当时除了剧孟，符离人王孟也因为行侠闻名于长江和淮河之间。同时，济南瞷姓的人家、陈地的周庸也因为豪侠而闻名。汉景帝听说后，派使者把这批人全都杀死了。

被景帝派去专门惩治游侠的官吏往往在《史记·酷吏列传》中留名，其中最著名的是号曰"苍鹰"的郅都。郅都曾是文帝侍从，景帝时，做了中郎将。当时，豪强势力迅速膨胀，有的居然横行地方，蔑视官府，不守国法。当时，济南瞷氏聚合了同宗三百多家，形成一派豪强势力，地方上对此无能为力。景帝派出酷吏郅都去做济南太守。郅都一上任，就杀了瞷氏家族的头领人物，其余的人立即心惊胆战，失去了嚣张气焰。

以酷吏惩治豪侠的策略显然是卓有成效的，以至于成为后代统治者治侠的一大法宝。汉武帝刘彻时，继续任用酷吏王温舒等人治理当时为患一方的豪侠。

王温舒年少时"椎埋为奸"，干过不少杀人越货的勾当，是游侠中的败类。自投靠酷吏张汤后，他开始十分卖力地捕杀盗贼，并升迁为广平都尉。他到了广平郡（治所在今河北鸡泽东南）后，挑选郡中一些不法之徒作为自己的爪牙，将他们的一些罪行掌握在手里，以此胁迫他们去捕捉同类。如果这些人办事得力，他就想方设法为他们掩盖罪行，"此人虽有百罪，弗法"；如果不肯效力，就重重治罪，"夷之，亦灭宗"，连他的同宗同族都一并杀掉。当地一时大治，道不拾遗。王温舒因此被升任河内太守。

王温舒到河内（治所在今河南武涉西南）后，先备了五十匹驿马，设置在从河内到长安的路途中，然后仍用在广平时的手法捕杀郡中豪侠。他用连坐定罪的办法，使受株连的达千余家。他把奏文用事先安排好的传递路线送出，并动用驿马，仅两日便可得到批复。一时间，河内的豪侠被诛杀殆尽，"大者至族，小者乃死"，"至流血十余里"。

义纵是另一位受到汉武帝重用的酷吏。义纵曾为武帝侍卫，后被用为上党县令，他又先后被迁升为长陵令和长安令。长陵与长安多贵族豪门，他们的子弟门客，依权仗势，违禁乱法之事不断。义纵到任后，"直法行治，不避贵戚"，对违反法令者一律严惩。武帝母王太后与她的前夫所生女脩成君的儿子叫作仲，他倚权仗势，横行京师。义纵查知后，派人将其捕获，并绳之以法。汉武帝对义纵不惧外戚权势仗义执法的行为十分赞赏，提升他为河内郡都尉，让他直接对抗河内郡豪强。当时，河内郡豪侠势力凶炽，义纵到郡后，立即把郡内穰氏等豪强举族诛杀。河内郡迅速稳定，从此"道不拾遗"。武帝显然对义纵十分满意，很快又提升他做了南阳郡太守。而义纵抵达南阳郡后第一个对付的竟是曾经颇负盛名的酷吏宁成。据《汉书》记载，宁成是景帝时颇受重用的一个酷吏，景帝重用他，是为了让他以残酷手段治理长安附近凶暴犯法的皇族贵戚。武帝即位后，一些被宁成惩治过的贵戚诋毁他，宁成被判刑治罪。侥幸得脱的宁成竟然伪造文书，逃回南阳老家，在那里"致产数千万，为任侠，持吏长短，出从数十骑。其使民，威重于郡守"，发展成为一个横行南阳郡的豪侠。当义纵出关赴任时，宁成极为惊恐，对义纵毕恭毕敬，亲迎亲送。义纵洞悉宁成用意，却不为所动，坚决予以打击。他抵达南阳上任后，马上着手查办宁成家族劣迹，"破碎其家"，将宁成治罪。南阳郡其他如孔氏、暴氏等豪强，见义纵如此惩治宁成，吓得纷纷举家逃到他郡隐匿起来。

当时汉朝军队屡次从定襄出兵攻打匈奴，战事不断使得定襄的官吏和百姓人心散乱、世风败坏，武帝于是改派义纵做定襄太守，整顿边镇秩序。义纵到任后，捕取定襄狱中没有戴刑具的重罪犯人二百人，以及他们的宾客兄弟私自探监的也有二百余人。义纵把他们全部逮捕起来加以审讯，罪名是"为死囚解脱刑具"。将这四百余人全部上报为当天的死刑名单。这之后，郡中人都不寒而栗，连刁猾之民也辅佐官吏治理政事。

汉武帝对豪侠势力十分痛恨，重用一大批酷吏给予豪侠以毁灭性打击。即便是他最为倚重的卫青、霍去病，他也绝不允许他们豢养门客，交通豪侠。汉武帝曾当众警告为郭解求情的卫青，禁止他与郭解结交。武帝原本对大将灌夫十分包庇，灌夫酒后殴打窦太后的兄弟，又纵容宗族和宾客在居住地颍川横行霸道，欺压百姓，在酒宴上使酒骂座羞辱朝廷大臣，汉武帝始终不肯惩治灌夫。直到在朝堂上，灌夫的对头田蚡揭发魏其侯和灌夫，说他们"招集天下的豪杰壮士，不分白天黑夜地商量讨论，腹诽心谤，深怀对朝廷的不满，不是抬头观天象，就是低头在地上画，窥测于东、西两宫之间，希望天下发生变故，好让他们立功成事"，这才戳中了皇帝的痛点。汉武帝对灌夫和魏其侯展开调查，查实了灌夫的罪行，将他灭了族。魏其侯因为所说的有关灌夫的事情与事实不符，犯了欺君之罪，被斩首弃市。

汉武帝以酷吏惩治豪侠，一方面是为了皇权统治的稳固，另一方面也是为了以罚没豪强贵族的财产充实国库，支撑他对匈奴展开的大规模战争的开支。当这些酷吏在惩治豪侠后也取得了豪侠的权势和资产时，他们自己也会成为专制统治者忌恨的对象，被新起用的酷吏铲除掉。但是酷吏的严刑峻法和残酷杀戮，也使各阶层的人们特别是普通百姓生灵涂炭，冤狱横生。当人们陷入无辜被戮的困境时，社会动荡就会加剧，出现"法令滋章，盗贼多有"，"吏民益轻犯法，盗贼滋起"的局面。而这里所谓的"盗贼"，更多为被严刑峻法逼迫走上反叛、对抗之路的游侠。史载，自从王温舒用严酷凶恶手段处理政事，其后郡守、都尉、诸侯和二千石的官员大都效法王温舒治理政事。官吏和百姓动辄得咎，越发轻易犯法，违法后，或为游侠，或为绿林，层出不穷。南阳有梅兔、白政，楚地有殷中、杜少，齐地有徐勃，燕赵之间有坚卢、范生之流。大的团伙多达数千人，擅自称王称号，攻打城邑，夺取武器库中的兵器，释放判死罪的犯人，捆缚侮辱郡太守、都尉，杀二千石的官员，发布檄文，催促各县为他们缴粮。小的团伙有几百人，劫掠乡村，不可计数。武帝派御史中丞、丞相长史督办剿灭之事，但还是不能禁止，就派光禄大夫范昆、诸位辅都尉及原九卿张德等人，穿着绣衣，拿着符节和虎符，发兵攻击，对于大的团伙杀头的竟多至一万多人，还杀死那些给作乱者送去饮食的人。株连数郡、被杀的多达数千人。几年后，才捕到他们的大首领。但这些叛乱集团中走散的士卒逃跑了，又聚集成党，占据险要的山川作乱，往往群居一处，朝廷对他们无可奈何。于是朝廷颁行"沈命法"，说群盗产生而官吏没有发觉，或发觉却没有捕捉到规定的数额，有关的二千石以下至小的官员，凡主持此事的都要处死。这以后，小官员怕被诛杀，纵然有盗贼也不敢上报，害怕捕不到，犯法被判刑又连累上级官府，上级官府也让他们不要上报。所以盗贼更加多起来，上下互相隐瞒，玩弄文辞，以逃避法律制裁。

汉昭帝用以诛除豪杰大侠的能手中有一位叫田延年，他任河东太守时"选拔尹翁归等以为爪牙，诛除豪强，奸邪不敢发"。与其同名的严延年是汉宣帝时著名的酷吏。他任涿州太守时，当地有两股豪侠势力西高氏、东高氏。一些地方游侠，如果犯了法，就逃入二高门下，官吏便不敢追究。以致当地流传着一句话说："宁负二千石，无负豪大家。"严延年到任后，指派掾吏蠡吾、赵绣缉查高氏门客中犯有死罪的人。赵绣事先准备了两份材料去向严延年汇报，打算先交出敷衍了事的那份，一旦严延年发怒，再将重刻罪犯的那份呈上。严延年早料到他会这样，直接从他怀中搜出了重刻罪犯的材料，当即连夜将名单中人押至狱中，第二天一早便押到市中心论斩。他又派刑吏分别拷问东高氏和西高氏，穷追不舍，又杀了几十人。严延年治政，以"摧折豪强"为纲领，同时，他又精通法律文书，一奏即准，常造成"流血数里"的杀人场面，故被当地人称为"屠伯"。

汉河平年间（公元前28—前25年），王尊为京兆尹，杀掉的著名豪侠有万章、制箭的张回、卖酒的赵君都、贾子光等，罪名便是他们私报仇怨，豢养刺客。

《汉书》记载，永始、元延年间，汉成帝懈怠朝政，外戚骄横放肆，红阳长仲兄弟串通游侠，收纳亡命之徒。而北地的大豪客浩商等图报私怨，杀害了义渠长及其妻子儿女共六人，并往来于长安城中。丞相、御史派遣属吏追寻贼党，朝廷也下诏书命令捕捉，很久才将其捕获。长安城中盗贼奸民逐渐增多，里巷中的游荡少年合伙杀害官吏，有的还接受贿赂替人报仇，他们做红、黑、白三色弹丸，每人摸取，得到红色弹丸的去杀害武吏，得到黑色弹丸的去杀害文吏，得到白色弹丸的则为遇难的同党治理丧事。一时间城里乌烟四起，盗贼们路劫行人，大街上死尸挡道，满城中鼓声不绝。对此，汉成帝重用一名叫尹赏的酷吏任长安令，对当地游侠进行过一次大规模的屠杀。尹赏命人挖了许多数丈深的大坑，用大石头盖在坑口上，称为"虎穴"，同时命令当地官吏和保甲组织层层进行检举揭发，列出了一个几百人在内的名单，其中主要是游侠少年。某一天他突然调动几百辆车，分头搜捕，将捕到的游侠见十留一，其余的以百人为单位全部投入"虎穴"之中，上面盖上大石头，几天之后才允许启开巨石，里面已是尸体枕藉，腐臭不堪。尹赏下令将尸体运到城门外华表东侧掩埋起来，并标上姓名，百日后让家属来挖尸认领。一时间长安城中号哭阵阵，路人皆唏嘘不已。长安城内流传着这样一首民歌："安所求子死？桓① 东少年场。生时谅不

---

① 桓：表柱。以横木交柱头，作为道路的标志。也叫"华表"。

谨，枯骨后何葬？”记下了当时的那幕惨景。

西汉末年，王莽居摄，为争夺天下也曾大规模地围剿属于异己势力的游侠。他曾指名追捕西河豪侠漕中叔，漕中叔不得不四处躲避，最后托庇于强弩将军孙建门下，才得幸免。

《汉书·游侠传》中记载了万章、楼护、陈遵、原涉四位生活在汉中后期的游侠。他们的命运是游侠末路的写照。其中万章本是京兆尹手下从吏，可是他随从京兆尹上朝时"侍中诸侯贵人争欲揖章，莫与京兆尹言者"。朝中贵人看重万章却忽略了他的主人，可见万章在长安交游的广泛及声望之高。后来"王尊为京兆尹，捕击豪侠"，杀了万章；另一个受到惩治的是原涉。原涉的宾客往往是他报仇杀人的打手，他睚眦必报，杀人很多。最终原涉被更始帝部下申屠建送上了刑场。

东汉光武帝时重用的酷吏董宣号称"卧虎"，捕杀了豪侠公孙丹；酷吏李章，曾设计捕杀清河县豪侠赵纲。

汉代统治者所用以打击游侠豪杰的另一个手段是将已形成势力的豪侠从落脚生根地迁徙到他地控制起来。这个手段在汉武帝时曾被用来迁徙那些"豪杰并兼之家、乱众之民"（《史记·平津侯主父列传》）。

在汉代统治者反复剿杀、不断打击下，几度崛起又几度沉沦的游侠势力终于土崩瓦解，游侠们或被纳入常态社会的生活，成为偶尔露峥嵘的侠义人士；或进入日渐定型的绿林社会，成为封建社会"盗匪"中杀富济贫、替天行道的佼佼者。后代统治者对游侠的打击亦开始采取新的手段，且很少有专门以游侠为对象的镇压行动了。

绳之以法和加兵围剿是后代统治者镇压绿林豪侠的主要手段。另外，对绿林中有匡世救难之心的侠客以优抚的手段实行招安，并使其屈从于一名重义德高的官员手下听其役使，是后代统治者对付游侠的一种新的招法。《水浒传》中叙宋江等人受招安一事即是游侠的济世救困之心被统治者利用的典型。宋江一行聚义梁山，史有实载。《宋史·侯蒙传》记："宋江寇京东，蒙上书，言宋江以三十六人横行齐魏，官军数万，无敢抗者，不若赦江，使讨方腊以自赎。"可见，以侠治侠、以侠治盗的策略，宋时已有，后来更被写进侠义小说，成为一种固定模式："凡此流著作，虽意在叙勇侠之士，游行村市，安民除暴，为国立功，而必以一名臣大吏为中枢，以总领一切豪俊。"① 清代石玉昆所作《三侠五义》叙述的就是这样一个将游侠的锋芒化为维护封建统治秩序的利器的故事。侠士白玉堂、展昭、欧阳春、蒋平等人都具有扶危济困、剪恶锄强的品质，又有神奇的武功，他们钦敬于清官包拯的公正清廉，死心塌地地追随在他周围，打击奸佞，除暴安良，既为统治者效了力，又实现了自己济世救民的理想。这样的游侠，只反贪官，不反皇帝，虽然取得了与统治者的和解，但已丧失了落拓不羁、狂放无忌的自由精神。亦有游侠异化成为统治者的鹰犬，反过来杀害自己的游侠弟兄。《施公案》一书中的黄天霸，即是此类人物的典型。黄天霸本是一个绿林好汉，他少年行侠，善使飞镖，武艺高强，是江南四大响马之一。二十岁时为江湖朋友报仇，只身行刺江都（今江苏

---

① 鲁迅：《中国小说史略》，人民文学出版社 1975 年版，第 242 页。

扬州）知县施世伦未遂，在施的劝导下，为了博得个封妻荫子的远大前程，在施的手下做了一名捕快，协助施世伦办案。其间，他虽做了些除暴安良的侠行，但为了报答施世伦的不杀之恩、知遇之德，竟不惜转而屠戮自己的绿林兄弟，对结义兄弟亦不惜满门杀尽，极其狠毒残忍，成为一个不折不扣的被奴化的游侠。这种状况如果得以成为现实的话，必将是统治者的最大胜利。但是，现实中这种和解达成的可能性极小，据鲁迅先生推断，宋江等人降后即很快被害，受重用一事应属无稽之谈。① 直到清代，诛除武勇仍然是统治者防范游侠的首要方法。

　　顺治九年（公元 1652 年）十二月二十四日，清廷处决了京师"大豪"李应试、潘文学，并布告全国。李应试是当时著名豪侠，他十分注重与政府官员结交，收容、延纳朝廷所追缉的"盗贼"，许多人对他感恩图报，活其所喜，杀其所恶，他甚至还控制了崇文门一地的税务。潘文学是一位马贩，专以壮健马匹接济远近"盗贼"。他广交官府，包揽词讼，常与文武官吏会饮。顺治帝同时下令处死与此二人结交的官吏高思敬等多人，说明朝廷对豪侠与官吏之间的结交导致其势力坐大仍然十分警惕，视为大患。游侠尤其是豪侠势力存在一天，就不能不引起统治者的注意，统治集团与游侠势力的交锋就不可避免。

---

① 鲁迅：《中国小说史略》，人民文学出版社 1975 年版，第 115 页。

主要参考书目

1.（汉）司马迁撰：《史记》，中华书局 1959 年版。

2.（东汉）班固编撰：《汉书》，中华书局 1962 年版。

3.（晋）干宝撰：《搜神记》，中华书局 1979 年版。

4.（唐）段成式撰：《酉阳杂俎》，中华书局 1981 年版。

5.（宋）李昉等编：《太平广记》，中华书局 2013 年版。

6.（明）冯梦龙评纂：《太平广记钞》，中州书画社 1983 年版。

7.（明）冯梦龙编纂：《情史类略》，岳麓书社 1983 年版。

8.陈平原：《千古文人侠客梦》，人民文学出版社 1992 年版。

9.陈山：《中国武侠史》，上海三联书店 1992 年版。

10.冯友兰：《中国哲学史》，中华书局 1961 年版。

11.刘若愚：《中国之侠》，周清霖、唐发铙译，上海三联书店 1991 年版。

12.刘荫柏：《中国武侠小说史》，花山文艺出版社 1992 年版。

13.鲁迅：《中国小说史略》，人民文学出版社 1975 年版。

14.罗立群：《中国武侠小说史》，辽宁人民出版社 1990 年版。

15.马新华、后志刚等编著：《中国十刺客外传》，湖北人民出版社 1990 年版。

16. 徐珂编撰：《清稗类钞》，中华书局 1986 年版。

17. 张亮采：《中国风俗史》，商务印书馆 1928 年版。